ENCONTRE **DEUS** NA CABANA

ENCONTRE **DEUS** NA

CABANA

Tradução

Magda Lopes

RANDAL RAUSER

Planeta

TÍTULO ORIGINAL *Finding God in the shack*

REVISÃO Tulio Kawata
DIAGRAMAÇÃO S4 Editorial
CAPA Projectluz.com

DADOS INTERNACIONAIS DE CATALOGAÇÃO NA PUBLICAÇÃO (CIP)
(Câmara Brasileira do Livro, SP, Brasil)

Rauser, Randal
Encontre Deus na cabana / Randal Rauser ; tradução Magda Lopes. –2. ed. – São Paulo : Editora Planeta do Brasil, 2010.

Título original: *Finding God in the shack*
ISBN 978-85-7665-479-7

1. Cristianismo na literatura 2. Ficção norte-americana 3. Young, William P. Shanck. A Cabana – História e crítica I. Título.

10-01239 CDD-813.5

ÍNDICE PARA CATÁLOGO SISTEMÁTICO
1. Ficção religiosa : Literatura norte-americana 813.5

2013

EDITORA PLANETA DO BRASIL LTDA.
Avenida Francisco Matarazzo, 1500 – 3º andar – conj. 32B
Edifício New York
05001-100 – São Paulo - SP
www.editoraplaneta.com.br
atendimento@editoraplaneta.com.br

Para Jamie,
porque Papai gosta
especialmente de você.

AGRADECIMENTOS

No final de setembro de 2008, dirigi um seminário sobre *A cabana* na Igreja Batista McKernan em Edmonton, AB. A conversa que se seguiu foi animada e envolvente, com várias pessoas compartilhando percepções intensas e questões profundas relacionadas ao conteúdo do livro. A experiência foi tão positiva que me convenceu da necessidade de um livro para conduzir os muitos leitores de *A cabana*, tanto admiradores quanto críticos, através da rede de questões complexas que este livro levanta. Nesse ponto, compartilhei meus pensamentos com Robin Parry, editor da Authentic/Pasternoster UK, e lhe sou particularmente grato por seu interesse imediato no projeto e disposição para fazer um contrato baseado em nada além de uma proposta informal enviada por e-mail. Sou igualmente agradecido a Volney James, divulgador da Authentic/Paternoster UK, que trabalhou incansavelmente no processo de produção do livro, mantendo um cronograma bastante rígido. Na verdade, estou em débito com toda a equipe da Authentic/Paternoster, que exibiu profissionalismo e cuidado na realização deste projeto. Finalmente, mas nem por isso menos importante, preciso agradecer a minha esposa Rae Kyung e à minha filha Jamie, que tiveram de abrir mão de mim durante o mês de outubro, pois todos os meus momentos livres foram dedicados à confecção deste livro diante da tela de um computador. Por fim, agora tenho tempo para levar ambas ao Starbucks!

Sumário

CAPÍTULO 1

Encontrando Deus de novo pela primeira vez

Embora *A cabana* tenha angariado abundantes elogios, também conseguiu provocar sua parcela de controvérsia. Sem dúvida, o elemento isolado mais surpreendente no livro é a revelação de Deus Pai como "Papai", uma negra enorme que dá grandes abraços e balança os quadris quando escuta música. Aumenta a surpresa o fato de o Espírito Santo surgir como uma misteriosa mulher asiática chamada Sarayu. Para completar esta revelação desconcertante, a certa altura Mack é interrogado por uma misteriosa personagem feminina chamado Sophia, posteriormente descrita como a personificação da sabedoria de Deus (adiante falaremos mais sobre isso). O que exatamente *A cabana* está tentando dizer com esta surpreendente revelação de uma visão de Deus dois terços feminina e etnicamente diversa?

Alguns críticos ficaram alarmados por estas imagens, e por isso acusaram o livro de ceder ao feminismo politicamente correto e até mesmo promover um retorno pagão à adoração à deusa! Apesar da gravidade destas acusações, outros leitores permanecem profundamente atraídos por este retrato, e acham atrativa a descrição de Deus como Mãe. Outros ainda negligenciaram a descrição maternal de Papai e Sarayu como um aspecto relativamente pouco importante ou incidental da narrativa. Então, o que exatamente está correto? No meu ponto de vista, a descrição não é herética nem desprovida de importância. Mas nos coloca no âmago de algumas questões importantes e fascinantes sobre a maneira pela qual o Deus transcendente de toda a Criação chega ao nosso pequeno mundo.

DEUS, A MAIOR DE TODAS AS IDEIAS

No cerne de qualquer entendimento adequado de Deus está o conceito de transcendência. Esta palavra se refere ao reconhecimento de que Deus permanece bem além do nosso entendimento (ou o transcende). Considere as palavras de Isaías: "Assim diz o Senhor: 'O céu é o meu trono, e a terra o escabelo dos meus pés; que casa me edificaríeis vós? E qual seria o lugar do meu descanso?'" (Isaías 66:1). Este versículo nos recorda que o Deus que é onipresente (ou seja, presente em toda parte) não está limitado aos prédios que construímos. Deus transcende tanto a maior catedral quanto a mais humilde igreja rural. Mas, assim como não devemos achar que nossas casas físicas de adoração contêm a plenitude de Deus, também jamais devemos achar que nossas "casas conceituais", ou seja, nosso entendimento teológico de quem é Deus, possa jamais contê-Lo.

Podemos abordar o problema da transcendência de Deus comparando-o a outra grande ideia: a galáxia da Via Láctea. Há pouco tempo, minha filha de seis anos de idade se aproximou de mim e me perguntou qual era o tamanho da Via Láctea. Depois que eu lhe expliquei que ela fica a 100.000 anos-luz de distância, suas sobrancelhas se cerraram enquanto ela silenciosamente ponderava sobre a resposta. Então, replicou criteriosamente: "É mais longe do que daqui até o Colorado?". Embora eu não tivesse ilusões de que ela fosse captar prontamente o conceito de um ano-luz, fiquei surpreendido com quão longe da verdade estava seu ponto de comparação! No entanto, da sua perspectiva limitada, isso fazia muito sentido. Sem nenhuma ideia do que era uma distância de 100.000 anos-luz, ela estava tentando descobrir algum tipo de escala comparável, e assim se aferrou à unidade de grande distância com a qual estava mais familiarizada: os dois dias de viagem de carro que a nossa família fazia todos os anos para visitar os parentes no Colorado. Mesmo assim, eu conseguia perceber como era inadequada a comparação! Como poderia explicar-lhe a enorme distância que havia entre os fótons que zumbiam através do espaço sideral a 300.000 km por segundo há 100.000 anos, e o nosso Hyundai andando pela estrada a 100 km por hora durante dois ínfimos dias.

Por mais difícil que possa ser conceber a vasta dimensão da Via Láctea, ela é quase literalmente nada quando comparada à realidade transcendente de Deus. Imagine que a Via Láctea, enorme como ela é, é apenas uma dos mais de 100 bilhões de galáxias do universo conhecido. Depois considere que todo este universo surgiu porque Deus proferiu as palavras: "Faça-se a luz". Comparada com Deus, a ideia da Via Láctea é nada! Os teólogos têm tentado espelhar a majestade singular de Deus com o conceito de infinito, ou seja, a ideia de que Deus é realmente infinito e, portanto, na verdade transcende tanto nossas casas conceptuais quanto nossas casas físicas, sejam elas as reflexões de uma criança de seis anos de idade ou o erudito sistema do maior teólogo. Como disse Sallie McFague: "O teólogo deve usar seus modelos com a maior seriedade, explorando-os em todo o seu potencial interpretativo e, no entanto, ao mesmo tempo, entender que *eles são pouco mais que os balbucios dos bebês*."*

O Deus que se acomoda

Você pode achar que, com essa enorme distância a superar, os cristãos simplesmente se refugiariam no silêncio. Mas, ao contrário, os cristãos permanecem incrivelmente inabaláveis na crença da unicidade de Deus. Por exemplo, se você vai à igreja em uma manhã de domingo, pode ouvir o pastor se dirigir à congregação silenciosa com as palavras: "O Senhor está neste lugar". Mas o que isto significa? Que Deus está *apenas* neste lugar? Não está em toda parte? Ou se pode ouvir o líder religioso orar: "Senhor, venha à nossa presença!". *Venha* aqui... como se Deus já não estivesse aqui? De onde Ele está vindo? Se alguém que nunca tivesse ouvido falar de

---

* Sallie McFague, *Metaphorical Theology: Models of God in Religious Language*. Philadelphia: Fortress Press, 1982, p. 131, ênfase nossa.

Deus fosse visitar uma igreja, poderia facilmente pensar que Deus era uma pessoa que corria o mundo visitando diferentes congregações: "Então, o Espírito Santo estará na Igreja Pentecostal de Poughkeepsie para o culto das 9 horas da manhã. Jesus, você vá até a Igreja da Aliança em Albuquerque para o culto das 9h30, e nós nos encontraremos na Igreja de St. Claire para a missa das 10".

Evidentemente, é ridículo interpretar essa linguagem de forma literal. Mas, então, que lição devemos extrair disso? Devemos abandonar totalmente esse tipo de linguagem? O problema dessa resposta é que os cristãos não inventaram esta maneira humana de falar sobre Deus; ao contrário, ela lhes foi revelada na Sagrada Escritura. Como vamos perceber adiante de maneira mais abrangente, a Bíblia está repleta de referências a Deus como se Ele fosse um ser humano. No entanto, se quisermos entender como essa linguagem deve ser entendida, devemos voltar a refletir sobre como ela funciona na Sagrada Escritura.

Para entender a prática de descrever Deus em termos humanos, precisamos considerar o conceito de *acomodação*. Esta palavra vem de uma raiz latina que se refere ao processo de uma coisa se ajustar a outra. Para ilustrar, eu me lembro da minha época de adolescente, quando meu quarto era um comprovado risco à saúde. De vez em quando, minha mãe decidia tomar uma atitude e entrava em meu quarto exigindo que eu pusesse alguma ordem naquele cenário caótico. E então, com um movimento da sua mão, ela me dizia para catar os inúmeros itens espalhados pelo chão e guardá-los no armário. Como o adolescente sabe-tudo que eu era, tentava ser a voz da razão, indicando-lhe que era simplesmente *impossível* colocar todas aquelas coisas naquele armário pequeno. Não intimidada, minha mãe rapidamente juntava os objetos e mostrava que, apenas dobrando e empilhando, tudo poderia caber no armário.

Assim como minha mãe possibilitava acomodar uma grande quantidade de coisas em um armário pequeno, um bom professor sabe como acomodar uma grande ideia em uma mente pequena. Aqui, o equivalente a dobrar e empilhar (ou seja, o processo de reduzir a dimensão da ideia) com frequência ocorre quando o professor usa analogias criativas e outras comparações juntamente com a experiência dos alunos. Por exemplo, pode-se explicar o conceito de doença grave ou morte para um garoto de dois anos de idade invocando uma analogia com um brinquedo quebrado: "Da mesma maneira que o seu carro movido por controle remoto quebrou, o vovô também quebrou". Mas, se Deus é infinito, este tipo de entendimento será possível? Sem dúvida não seria, *se* fôssemos deixados às nossas próprias especulações de como Deus pode ser infinito. Felizmente, Deus falou conosco através do processo da revelação e revelou vários pontos em que Ele é comparável à nossa experiência. Juntos, estes vários pontos de contato ancoram uma concepção imperfeita, mas ainda assim valiosa, do Deus infinito. E, mais incrivelmente ainda, Ele faz isso não apenas para nos comunicar as informações (por mais importantes que sejam), mas para se relacionar conosco!

A cabana nos apresenta um quadro rico da acomodação de Deus. Na verdade, quando refletimos sobre isso, podemos ver que todo o fim de semana de Mack só é possível por causa da acomodação de Deus. Como Deus transcende o espaço, já há uma acomodação para Mack ter Papai e Sarayu de pé diante dele, como se fossem seres humanos. A acomodação de Jesus é ainda mais radical, pois sua acomodação se iniciou dois mil anos atrás, quando o Filho de Deus entrou no nosso espaço e no nosso tempo. Tendo isso em mente, podemos ver que Jesus não está simplesmente descendo para interagir com Mack durante o fim de semana como se fosse uma pessoa humana, porque ele *realmente o é*! Isso é o que chamo de acomodação *profunda*! (Voltaremos a discutir a acomodação encarnada de Jesus.)

Papai, Jesus e Sarayu também se adaptam às limitações de Mack de outras maneiras. Quando Mack se senta para jantar com os Três e começa a compartilhar com Eles as alegrias e lutas de sua família, ele fica de repente abalado pelo absurdo do que está fazendo. Mack tem o suficiente de um teólogo para saber que a Trindade já sabe tudo. Então, pondera, por que deve se dar ao trabalho de atualizá-la sobre sua família? Quando Mack coloca esta questão, Sarayu explica: "Nós nos limitamos por respeito a você. Não estamos trazendo à mente, por assim dizer, nosso conhecimento sobre seus filhos. Ouvimos como se fosse a primeira vez e temos enorme prazer em conhecê-los através dos seus olhos" (97). Portanto, ainda que Papai, Jesus e Sarayu já conhecessem todos os detalhes sobre a família de Mack, decidiram não se basear nesse conhecimento. Desta maneira, conseguem aprofundar seu relacionamento com Mack através da conversa.

Qualquer pai ou mãe será capaz de apreciar o que Papai, Jesus e Sarayu fazem por Mack. Todos os dias, quando um pai busca sua filha de cinco anos de idade no jardim-de-infância, a primeira coisa que ela quer é lhe contar todas as coisas que aprendeu naquele dia. "Papai, adivinha o que aconteceu?!", começa ela ansiosamente ao se sentar no banco de trás. "Você sabia que os ursos dormem durante todo o inverno? Isso se chama hi-ber-na-ção!" E assim continua durante todo o caminho de volta para casa.

É claro que o pai já sabe que os ursos hibernam, e também sabe a maior parte de tudo o que ela lhe conta. Mas, mesmo assim, nunca leva o seu conhecimento para a conversa, por razões óbvias. Enquanto ela encara a conversa como uma maneira de ilustrar seu pai, ele a encara como uma oportunidade de estar mais próximo da filha que ele ama.

E o mesmo acontece quando Deus conversa com Mack. Imagine a mudança no humor do fim de semana se Papai houvesse interrompido Mack no momento em que ele tivesse começado a falar sobre seus filhos: "Olhe, Mack, nós sabemos tudo, está lembrado? Portanto, poupe-nos da atualização!". É claro que Deus já sabe, mas uma vez mais, da perspectiva de Deus, a conversa nunca teve o objetivo de aprender algo novo. O objetivo era estreitar seu relacionamento com Mack.

A acomodação surge de outras maneiras surpreendentes, inclusive através do estômago! Durante todo o fim de semana, Papai, Jesus e Sarayu partilharam as mais maravilhosas refeições com Mack, compartindo sopas incríveis, apetitosos vegetais, carnes saborosas e deliciosos bolos e tortas. De repente, ocorre a Mack o seguinte pensamento: se Deus é espírito, Deus não precisa comer. Então, por que Papai, Jesus e Sarayu estiveram armazenando todas estas calorias desnecessárias? Mais uma vez, a questão não é a comida, mas o relacionamento. Como Papai explica, eles *comeram* com Mack simplesmente como outra maneira de *estarem* com Mack: "Você precisa comer. Então, que desculpa melhor para ficarmos juntos?" (186). Mais uma vez, Deus está acomodando Seu ser infinito descendo ao nível de Mack e ingressando na experiência humana através de um compartilhamento comunal de alimentos.

A acomodação de Deus na Sagrada Escritura

As lições que aprendemos da acomodação de Deus em *A cabana* proporcionam alguns *insights* valiosos quando voltamos a nossa atenção para a acomodação na Sagrada Escritura. Na maior parte do tempo, Deus não se revela através de aparições diretas. (Entretanto, alguns comentaristas da Sagrada Escritura têm declarado que os três visitantes de Abraão em Gênesis 18 são uma revelação da Trindade.) Ao contrário, na Sagrada Escritura, Deus tipicamente revela aspectos da Sua natureza através da acomodação de várias figuras de linguagem, incluindo analogias, comparações, metáforas e parábolas.

Para começar, Deus é com frequência descrito por metáforas e analogias extraídas da nossa experiência com objetos inanimados. Por exemplo, Deus é descrito como uma rocha, um escudo, uma trombeta da salvação e uma fortaleza (2 Samuel 22:3). Algumas destas imagens são muito poderosas e inspiradoras: pense no famoso hino de Martinho Lutero, "Nosso Deus é uma poderosa fortaleza". Além disso, Deus também é comparado aos animais, incluindo uma águia que cuida de seus filhos (Deuteronômio 32:11). Mas minha imagem não humana preferida de Deus se encontra no Salmo 18. Nessa passagem, o salmista está clamando para se libertar de seus opressores, quando de repente Deus aparece como um dragão cuspindo fogo, lançando-se sobre eles para trazer a libertação! "Das suas narinas subiu fumaça, e da sua boca saiu fogo devorador; dele saíram brasas ardentes. Ele abaixou os céus e desceu; trevas espessas havia debaixo de seus pés" (Salmo 18:8-9). Em minha opinião, esta pode ser a mais incrível descrição de Deus na Sagrada Escritura!

Imagens de Deus como uma fortaleza ou um dragão protetor podem ser poderosas. Mas as mais ricas imagens são certamente aquelas que descrevem Deus como se fosse uma pessoa humana. Como tal, pouco espanta que a linguagem humana proporcione a forma normativa de se referir a Deus dentro da igreja. Em vez de funcionar de forma literal, esta linguagem é claramente antropomórfica (uma palavra que vem das palavras gregas para humano e forma), significando que descreve Deus como se Ele tivesse uma forma humana ou habilidades humanas. Considere mais uma vez a noção de espaço. Embora Deus exista em toda parte, é muito difícil pensar e se relacionar com um Deus que seja onipresente. Por isso, a Sagrada Escritura acomoda Deus à nossa experiência descrevendo-O *como se* tivesse um corpo físico. Assim, encontramos referências ao dedo de Deus (Êxodo 31:18), à mão e ao braço de Deus (Deuteronômio 5:15) e à face de Deus (2 Crônicas 30:9). Estes tipos de descrições não são simplesmente mais vivos ou naturais, mas podem na verdade ser muito poderosos. Por exemplo, quando Deus condena a rebelião de Israel, declara: "Esconderei, pois, totalmente o meu rosto naquele dia" (Deuteronômio 31:18). Esta é uma maneira poderosa de comunicar a desaprovação de Deus, mas não estaria disponível a nós se estivéssemos restritos a uma fala literal a respeito do Deus onipresente.

A Sagrada Escritura também acomoda Deus em seu infinito conhecimento, com frequência descrevendo Deus como se Ele fosse limitado em seu entendimento. Pense na imagem de Papai, Jesus e Sarayu contendo seu perfeito conhecimento para poderem comungar com Mack. Similarmente, na Sagrada Escritura frequentemente Deus contém o Seu conhecimento. (Não que Deus se torne ignorante, mas Ele não faz do Seu conhecimento parte da interação humana.) Por exemplo, quando Abraão estava prestes a sacrificar Isaac, Deus interveio e disse: "Agora sei que temes a Deus" (Gênesis 22:12). Se interpretássemos isto literalmente, implicaria que Deus não saberia se Abraão iria ser-Lhe fiel até testá-lo. Mas não pode ser assim, pois todos os dias da vida de Abraão foram escritos no livro antes de qualquer um deles ter sido vivido (Salmo 139:16). Se Deus conhece todos os eventos antes que eles ocorram, incluindo cada detalhe da vida de Abraão, então qual o propósito de testá-lo? O propósito não era que *Deus* iria saber que Abraão estava totalmente comprometido com Ele, mas sim o que *Abraão* aprenderia sobre sua própria fé e seria fortalecido por ela. Por isso, toda vez que Deus é descrito como aprendendo, a Sagrada Escritura está se acomodando a nós. O mesmo se aplica quando lemos sobre Deus recebendo um relato do pecado de Sodoma e Gomorra e resolvendo descer para ver se aquilo era realmente verdade (Gênesis 18:20-21). Deus certamente não ignora os eventos que ocorrem em diferentes localizações geográficas!

O caso de Ezequias proporciona um excelente paralelo bíblico para a acomodação de Deus a Mack. Depois que Ezequias cai doente, Deus lhe diz que ele vai morrer. Depois de ouvir esta notícia chocante, Ezequias começa a chorar diante do Senhor enquanto suplica por uma vida mais longa. Em resposta, Deus manda Isaías dizer a Ezequias que decidiu estender a vida do rei (2 Reis 20:1-6). Se entendêssemos este texto literalmente, concluiríamos que Deus mudou de ideia depois de ouvir as preces de Ezequias. Mas, se Deus conhece perfeitamente o futuro, Ele não pode mudar de ideia (Números 23:19). Deus sempre soube que Ezequias iria suplicar por uma vida mais longa. E Deus também sabia que iria lhe conceder o pedido. Mas, então, quando Deus disse originalmente a Ezequias que sua morte era iminente, Deus sabia que realmente não era. Então, por que disse a Ezequias que ele ia morrer? Volte novamente à pergunta de Mack a Papai, Jesus e Sarayu. Por que eles agiam como se não soubessem todos os detalhes sobre a família de Mack? A questão é que só assim eles poderiam ter uma conversa com Mack. E por que Deus não contou desde o início a Ezequias o que ia acontecer? Para que Ezequias fosse até Deus em suas orações de uma maneira que o beneficiasse. Deus desce ao nosso nível e interage conosco como se fosse um ser humano, *e o faz para que possamos entrar em relacionamento com Ele.*

Além de ser revelado em forma humana e com limitações humanas, Deus é também revelado em papéis humanos específicos. Por exemplo, Deus é descrito como um oleiro (Isaías 64:8), um pai (Deuteronômio 32:6), um guerreiro (Êxodo 15:3), um rei (Êxodo 15:18), um cantor (Zefanias 3:17), um marido (Isaías 54:5) e até mesmo como um soldado bêbado despertando do sono (Salmo 78:65)! Como todas estas imagens são explicitamente masculinas ou pelo menos de gênero neutro, muitos cristãos têm achado natural pensar em Deus inteiramente em termos masculinos. Como Mack admitiu a Willie: "Sempre o visualizei assim como um avô, com uma barba longa flutuando" (63). Por esta razão, é totalmente surpreendente quando Papai aparece para Mack como uma negra enorme e o Espírito Santo como uma mulher asiática chamada Sarayu. Com este encontro chocante, Mack foi obrigado a refletir mais profundamente sobre sua ideia de Deus. Nas duas seções seguintes vamos considerar por que Deus aparece para Mack como uma maneira de desafiar sua dependência de uma série estreita de imagens, e para aliviar a carga de Mack de ter de conceber Deus como Pai.

Quando um ícone se torna um ídolo

Uma das minhas lembranças mais vivas de uma visita à Rússia em 1993 foi a grande quantidade de ícones à venda nos mercados de rua. Olhando para as pilhas de ícones exibidas sobre lençóis para os transeuntes, era difícil acreditar que estas pequenas e inócuas imagens de madeira pintada de Cristo, santos e anjos tivessem no passado motivado conflitos e derramamento de sangue. Mas foi o que aconteceu no século XIX, quando os partidários do uso dos ícones se defenderam contra seus críticos. Muitos dos críticos mais acerbados alegavam que os ícones de Deus violavam a proibição bíblica à retratação de Deus (Êxodo 20:4). Além disso, os críticos denunciavam todos os ícones como conduzindo à adoração de um ídolo. Esta percepção era compreensível, devido ao fato de que os devotos com frequência se sentavam prostrados em oração diante de um ícone, criando assim a impressão de que estavam adorando um pedaço de madeira. Entretanto, os partidários dos ícones se apressaram a defender seu uso. Estas pequenas imagens pintadas não eram ídolos, explicaram eles, mas sim janelas através das quais podemos pensar em Deus.

Os cristãos podem continuar a debater o uso dos ícones. Mas as descrições de acomodação figurativa de Deus que encontramos na Sagrada Escritura poderiam muito bem ser descritas como ícones literários – ícones que lemos. A Sagrada Escritura certamente pinta algumas palavras-quadros vívidos de Deus. (Pense mais uma vez na imagem de Deus como um dragão apresentada no Salmo 18!) Assim como o usuário dos ícones pintados nunca deve confundi-los com a realidade que eles representam, nós também não devemos confundir os ícones literários da Sagrada Escritura com descrições literais. Em vez disso, devemos ter sempre em mente sua função como acomodações aos nossos intelectos limitados. Como disse João Calvino (com um toque de impaciência): "Por que mesmo aqueles de escassa inteligência não entendem que, como fazem comumente as amas com os bebês, Deus está acostumado de certa forma a 'sussurrar' quando fala conosco?"* Ou seja, assim como uma ama ou mãe se acomoda às limitações de um bebê utilizando uma conversa de bebê, também Deus se acomoda às nossas limitações descrevendo-se dentro da extensão da experiência humana, com frequência falando *como se* Ele fosse humano.

Certamente, a maioria dos cristãos entende que Deus não é literalmente um rei sentado em um trono físico, um guerreiro vestido com uma armadura ou um dragão que desce voando do céu! Dito isto, se nos tornamos demasiado ligados a uma ou outra imagem, podemos perceber que a linha entre a imagem acomodada e a realidade literal fica nublada. Este é o perigo da tendência de Mack a supor que, em certo sentido, Deus *é* um avô. Por isso, quando Mack chega à cabana, recebe o chocante lembrete de que Deus é muito mais do que qualquer imagem: "Duas mulheres e um homem? E nenhum deles branco? Mas por que ele havia presumido que Deus seria branco?" (77).

Por que, realmente? Talvez porque seja muito natural permitir que a série de extensão limitada de acomodações divinas

* John Calvin, *Institutes of the Christian Religion*, vol. 1, ed. John T. McNeill, trans. Ford Lewis Battles. London: SCM Press, 1961), p. 121. [Ed. bras.: João Calvino, *Institutos ou Tratado da religião cristã*. São Paulo: Editora Unesp, 2008.]

com as quais nos sentimos mais à vontade se torne rígida, e finalmente exclusiva. (Da mesma maneira, se vamos à igreja semana após semana e nos sentamos no mesmo lugar, no mesmo banco, podemos começar a achar que aquele é o *nosso* lugar. Esta suposição pode provocar uma grande consternação quando chegamos um dia e *encontramos algum estranho intruso sentado no nosso lugar*!) Quando Deus se mostra nesta forma "não ortodoxa", Mack começa a perceber como tem sido estreita a sua percepção de Deus: "todas as suas concepções visuais de Deus eram muito brancas e muito masculinas" (84).

A questão não é que Mack deva *parar* de pensar em Deus como um avô, mas que ele precisa se *expandir* além deste quadro que limita Deus a simplesmente um homem altivo e branco. Como explica Papai:

> Mackenzie, eu não sou masculino nem feminina, ainda que os dois gêneros derivem da minha natureza. Se eu escolho *aparecer* para você como homem ou mulher, é porque o amo. Para mim, aparecer como mulher e sugerir que você me chame de Papai é simplesmente para ajudá-lo a não sucumbir tão facilmente aos seus condicionamentos religiosos. (83)

Então, Deus aparece como uma negra para lembrar a Mack que Ele é muito maior do que quaisquer ícones literários da Sagrada Escritura. O que quer que se possa dizer sobre Deus, qualquer que seja a imagem que se use para pensar n'Ele, Ele sempre existe além dessas concepções. É uma lição que Mack não esquecerá tão cedo.

Deus o encontra onde você estiver

Os acomodadores bem-sucedidos reconhecem que "um tamanho não se ajusta a todos". Um professor competente vai escolher a acomodação certa para a experiência e o conhecimento de uma audiência.

Pense na maneira pela qual Jesus procurou comunicar uma ideia realmente grande e abstrata: o crescimento do Reino de Deus. Como sua audiência era constituída de judeus palestinos, ele usou algo familiar ao seu contexto: a maneira como uma minúscula semente de mostarda cresce em uma planta verdejante na qual os pássaros podem fazer seus ninhos. Não há dúvida de que esta era uma excelente imagem para alguém que vivia na Judeia. Mas e quanto àqueles de nós que nunca viram uma semente ou planta de mostarda? Embora consigamos entender a mensagem da parábola, esta seria muito mais poderosa se fosse explicada através de uma imagem com a qual estivéssemos mais familiarizados. Agora, considere a tradução de Eugene Peterson desta parábola em *A mensagem*: "Como posso retratar o Reino de Deus para vocês? Que tipo de história posso usar? É como uma pinha que um homem planta no jardim em frente à sua casa. Ela cresce e se transforma em um enorme pinheiro com ramos grossos, e as águias constroem nele seus ninhos" (Lucas 13: 18-19). Tendo crescido no oeste do Canadá, uma terra com altíssimos pinheiros e águias majestosas, acho esta imagem uma explicação muito mais eficaz do crescimento do reino, devido à experiência e o contexto da minha origem. Com a imagem de um pinheiro majestoso eu experimento o mesmo momento "Eureka!" que foi experimentado pela audiência original de Jesus. Criar esses momentos "Eureka!" é o que significa moldar sua acomodação à sua audiência.

É claro que uma acomodação pode ser mais ou menos bem-sucedida. Se você procura acomodar uma ideia com imagens que não são realmente familiares, sua tentativa de acomodação na verdade não atinge o alvo. Por exemplo, se me perguntasse qual o gosto do *kimchi* coreano, eu poderia tentar explicá-lo comparando-o ao *sauerkraut* (repolho azedo) polvilhado com pimenta chili. Mas a comparação só teria alguma utilidade se você soubesse o que é *sauerkraut*. Do contrário, poderia ficar totalmente confuso. Então, *esse* tiro não teria atingido o alvo! Assim como um tiro errado é ruim, às vezes uma tentativa de acomodação provoca algo pior: um *tiro pela culatra*. Isto acontece quando a acomodação não somente fracassa em sua conexão, mas realmente aprofunda o não entendimento, transmitindo uma impressão falsa, confusa ou prejudicial.

Isto me traz finalmente à metáfora de Deus como Pai. *Todos* sabem o que os pais são, e por isso esta imagem não corre o risco de sair pela culatra. Certo? Na verdade, a ideia de Deus como Pai tem ressoado com gerações de cristãos baseados na sua experiência de seus próprios pais como protetores, mentores, amigos e provedores (Lucas 11:11). Nan, esposa de Mack, é um exemplo excelente, pois seu relacionamento próximo e íntimo com seu pai lhe proporcionou um contexto para experimentar Deus como Pai (38). Como resultado, Mack explicou a seus novos amigos quando se encontravam no acampamento: "Ela pensa em Deus de modo diferente da maioria das pessoas. Ela até o chama de Papai, porque se sente muito íntima dele, se é que isso faz sentido para vocês" (38). Esta imagem comunica poderosamente o amor e o carinho de Deus por Nan. Assim, não surpreende que "Papai era o nome com que Nan se referia a Deus e expressava o deleite que lhe provocava sua amizade íntima com ele" (24).

Mas a infeliz realidade é que muitas pessoas não tiveram um pai humano amoroso, e Mack era uma delas. Na verdade, quando criança, ele vivia constantemente com medo de seu pai abusivo e alcoólatra, o que culminou em sua inútil tentativa de relatar às autoridades o abuso de seu pai. Depois de descobrir o ato de rebeldia de seu filho, o pai de Mack retaliou, amarrando o menino a uma árvore e o espancando durante dois dias "com um cinto e com versículos da Bíblia" (10). Essas experiências terríveis asseguraram que a imagem de Deus como Pai, que era tão poderosa para Nan, tivesse o efeito de um tiro pela culatra para Mack. A tentativa de pensar em Deus como Pai atinge Mack com todo o sofrimento, raiva e medo que ele experimentou quando criança.

Para ter uma ideia da reação negativa de Mack à metáfora, pense em uma criança que tem uma terrível indisposição intestinal imediatamente depois de comer bolo de morango. De repente, essa criança passa a sentir repulsa por bolo de morango. Na verdade, só de pensar nele, ela sente ânsia de vômito. Agora, simplesmente não consegue imaginar comer uma sobremesa que é adorada pelas crianças do mundo todo. É isso que acontece com a concepção que Mack tem de Deus como Pai. Essa imagem, que é amada por tantos, para ele é absolutamente repugnante.

Isso nos conduz à tragédia real: embora ele não consiga pensar em um amado Deus como Pai, esta é a imagem central que Mack recebeu, repetidamente, da Bíblia e da Igreja. Não surpreende que, em vez de achar esta imagem estimulante para um relacionamento íntimo com Deus, ele passou a encarar Deus como "mal-humorado, distante e altivo" (12). Então, quando Sarah, uma das vizinhas de acampamento de Mack naquele fatídico fim de semana, pergunta se alguém mais na família chama Deus de Papai, Mack responde: "As crianças às vezes chamam, mas eu não me sinto confortável com isso. Parece um pouco familiar demais para mim. De qualquer modo, Nan tem um pai maravilhoso e, por isso, acho que é mais fácil para ela" (38). Mack nunca teve *ninguém* a quem pudesse chamar de Papai (82), e por isso não conseguia agora pensar em Deus nestes termos. Tragicamente, quando Papai se oferece para ser o Papai de Mack, este acha a oferta "ao mesmo tempo convidativa e repulsiva" (82). Não é totalmente irônico que a própria imagem que Deus destinou como o caminho para acomodar o relacionamento dos dois tenha se tornado para Mack um obstáculo insuperável?

Então, que esperança há para Mack? Em resposta a esta pergunta, me vem à mente uma história sobre o papa João XXIII. Em 1958, o Vaticano conseguiu mais do que havia barganhado quando João XXIII foi votado como o 261º papa da Igreja Católica Romana. Imediatamente, este homem alegre e humilde começou a romper com as convenções, provocando neste processo uma enorme preocupação em seus cardeais.

Em uma violação egrégia ao protocolo do Vaticano, João insistiu em visitar os prisioneiros encarcerados de Roma explicando que, como eles não podiam ir vê-lo, ele iria até eles! Eu adoro essa história porque me lembra da maneira pela qual Deus também vai ao encontro das pessoas que, trancadas nas dolorosas prisões da história pessoal, são incapazes de ir até Ele. Encontrando as pessoas onde elas estavam, o papa João não estava fazendo nada além do que havia aprendido com Paulo, que se tornou todas as coisas para todas as pessoas para que pudesse salvar algumas (1 Coríntios 9:22). Paulo não fez nada que não tivesse aprendido com Jesus, aquele exemplo da profunda acomodação de Deus às limitações humanas. Jesus veio porque foi enviado por Deus, seu Pai (João 3:16), como uma expressão do coração de acomodação do Pai.

Portanto, não surpreende que o mesmo Deus, que sempre veio ao nosso encontro onde quer que estejamos, venha se encontrar com Mack em sua prisão. Papai tem pleno conhecimento das lutas e do sofrimento de Mack. Ela sabe que seu distanciamento dela provém das marcas deixadas por seu próprio pai abusivo: "Depois do que passou, não fica nada fácil lidar com um pai, não é?" (84). Então, assim como João foi conduzido pelo amor para vestir seu traje papal e perambular pelas prisões mais escuras de Roma, Papai agora adota a forma de uma mãe amorosa para encontrar Mack em sua prisão escura. Ela gentilmente lhe diz: "Se eu escolho *aparecer* para você como homem ou mulher, é porque o amo" (83).

Por mais inacreditável que isto seja, a parte mais impressionante da história ainda está por vir. Diferentemente do papa, que não pode libertar ninguém da prisão, Papai não somente se reúne com Mack em sua prisão, mas se esforça para libertá-lo dela. Com um cuidado maternal, Papai começa a trabalhar com Jesus e Sarayu para renovar o coração de Mack e remover os bloqueios que impediram sua capacidade para abraçá-la como Pai. O momento final da cura vem inesperadamente no sábado, depois que Sarayu leva Mack até uma campina misteriosa. Aqui começa a se desenrolar uma cena maravilhosa. Primeiro a campina se enche de crianças, suas formas saltitantes acentuadas por luzes brilhantes exibindo a vida animada da nova Criação. Pouco a pouco, um grande círculo de adultos cerca as crianças que estão brincando, e depois, além deles, emerge um anel de anjos. Então, de repente, a cena eufórica é interrompida quando um dos adultos começa a exibir angústia, o que se torna visível através dos jorros de cores que o envolviam. Quando Mack indaga sobre o problema daquele companheiro, Sarayu lhe explica que aquele homem é o pai de Mack. Este homem, que foi um dia o pior pesadelo de Mack, está agora consumido pela culpa e pelo remorso pelo sofrimento que causou ao seu filho. Diante desta revelação, Mack é tomado pela emoção e pelo desejo de reconciliação. E então se vê correndo pela campina para encontrá-lo, como "um menininho querendo o pai" (200). Com lágrimas escorrendo pelo rosto, Mack segura o rosto do pai com as duas mãos e lhe concede o perdão. Quando se abraçam, ele finalmente recebe o papai humano que tão ansiosamente havia desejado.

Agora que estava curado, Mack não sente mais repugnância pela imagem da paternidade. Na verdade, em vez de um tiro pela culatra, ele consegue agora ver nesta imagem um pouco do amor e do carinho que reflete o coração de Deus. Isto conduz a outra surpresa para Mack. Quando ele acorda no domingo de manhã, não consegue encontrar Papai, a mulher. Em vez disso, Mack se encontra com um personagem semelhante a um avô, embora alguém muito mais impressionante e rude do que sua imagem familiar de Deus: "O cabelo muito branco estava preso num rabo de cavalo, e o bigode e o cavanhaque eram grisalhos. Camisa xadrez com mangas enroladas, *jeans* e botas de caminhada completavam a vestimenta de alguém pronto para pôr o pé na trilha. 'Papai?', perguntou Mack" (203). Na verdade, como Mack havia perdoado seu pai humano, ele agora podia experimentar Deus como Pai (206). Com seu amado Deus como Pai, Mack está pronto para a dolorosa jornada que tem pela frente, em que ele (embora ainda não o saiba) vai resgatar o corpo de Missy para um enterro adequado. Como Mack vai precisar de seu Pai celestial para fortalecê-lo durante esta nova provação, esta é a maneira em que Papai se apresenta a ele (205).

Há espaço para um Deus Mãe?

Os evangélicos têm caracteristicamente rejeitado as tentativas (ou sido até hostis a elas) de descrever Deus com analogias e metáforas femininas. Com frequência, a queixa é de que esses interesses refletem uma correção política enlouquecida, ou até mesmo a infiltração de uma perigosa agenda feminista. Mas a experiência de Mack levanta uma urgência crítica da questão. Mack demonstra que não são somente as mulheres com um machado ideológico a afiar que relutam em chamar Deus de Pai. Há também muitas pessoas (mulheres *e homens*) que experimentaram um profundo sofrimento nas mãos de homens abusivos.

Alguns, como Mack, foram aterrorizados pelos pais humanos. Outros sofreram abuso sexual de "pais" sacerdotes. E outros, ainda, que têm apenas a lembrança mais vaga de um pai que muito tempo atrás abandonou a família. Talvez, em alguns casos, a luz de Deus como Pai possa atravessar estas histórias sombrias. Mas e se a imagem de Deus como Pai continua a assombrar como uma nuvem ameaçadora em seu horizonte, bloqueando a luz do amor de Deus? Deve alguém permanecer com esta imagem que, em vez de estimular a intimidade, tornou-se um doloroso obstáculo?

Podemos começar a tratar desta questão considerando a importante Sagrada Escritura. Embora não haja dúvida de que a Bíblia está pesadamente carregada de analogias e metáforas masculinas, podem-se encontrar nela algumas figuras de linguagem femininas e maternais. Para começar, Deus é comparado a uma mãe: "Como alguém a quem consola sua mãe, assim Eu vos consolarei; e em Jerusalém vós sereis consolados" (Isaías 66:13). No Novo Testamento, Deus implicitamente assume um papel feminino nas parábolas de Jesus de uma mulher misturando fermento na farinha (Mateus 13:33) e da busca de uma mulher por uma dracma perdida (Lucas 15:8-9). As propriedades maternas dos animais são aplicadas a Deus quando Ele é descrito como uma ursa roubada de seus filhotes (Oseias 13:8), enquanto Jesus compara sua preocupação com Jerusalém a uma galinha que quer juntar seus pintos debaixo de suas asas (Mateus 23:37).

Falando em Jesus, muitos cristãos têm interpretado o personagem da Sabedoria através do qual Deus fez o mundo nos Provérbios 8:22-36 como uma referência do Velho Testamento a Cristo. O Novo Testamento corrobora esta interpretação, pois declara que Deus criou todas as coisas através de Cristo (João 1:3; 1 Coríntios 8:6; Colossenses 1:16; Hebreus 1:2). Além disso, Jesus refere-se a si próprio como a sabedoria de Deus (Mateus 11:19), uma confissão que é ecoada por Paulo (1 Coríntios 14). A ideia de Jesus como a sabedoria divina é notável, pois a palavra para sabedoria, tanto em hebraico quanto em grego, é feminina (em hebraico, *hokmah*; em grego, *sophia*). Será que Sophia, a figura feminina sombria que interroga Mack na caverna como a personificação da sabedoria de Deus, poderia ser realmente Jesus aparecendo em uma forma feminina? *A cabana* não esclarece isto, mas é uma especulação intrigante.

Mas voltemos à nossa questão. Será apropriado pensar em Deus como Mãe ou rezar "Mãe Nossa que estais no céu..."? *A cabana* não nos oferece uma posição estabelecida sobre esta questão. Mas desafia a tendência humana para ficar entrincheirada em um conjunto estreito de imagens para Deus. Se nos tornarmos demasiado comprometidos com uma ou outra imagem de Deus, Ele pode se tornar um ídolo para nós e um obstáculo para outros.

Então, até que ponto você acha que Deus irá para encontrar as pessoas em meio ao seu sofrimento? *A cabana* sugere que é muito mais longe do que poderíamos ter um dia imaginado.

Indo mais fundo

1. Como alguém decide quais descrições na Sagrada Escritura são antropomórficas e quais não o são? E quanto às descrições de Deus como tendo emoções humanas? Deus realmente fica zangado, sofre e nos ama, ou estas são acomodações à vida emocional humana?
2. Pelo fato de Jesus ter-nos ensinado a nos dirigirmos a Deus nas preces como "Pai Nosso" (Mateus 6:9), é impróprio para alguém rezar a Deus como Mãe?
3. Como você aconselharia alguém que, a exemplo de Mack, se sentiu distanciado de Deus Pai devido a um pai humano abusivo?
4. Com que tipos de imagens de Deus você se sente mais à vontade?
5. Como os cristãos durante muito tempo abraçaram retratações multiétnicas de Jesus, será permissível descrever Jesus como uma mulher? Se não é, por que não é?

CAPÍTULO 2

O MISTÉRIO DOS TRÊS EM UM

SER UM TEÓLOGO É, com frequência, uma tarefa ingrata. Veja o caso de Apolinário. Um dos maiores teólogos do século IV, e defensor convicto da ortodoxia, não obstante terminou sua vida estigmatizado como herege. Seu crime? Ele se atreveu a desenvolver um relato da encarnação que seus pares consideraram inadequado. E então, marcado com a temida letra *H* (heresia), toda uma vida de trabalho diligente em prol da Igreja pôde ser anulada.

Dentro do cristianismo, há poucas palavras com um gume tão afiado quanto *heresia*. E *A cabana* tem sido certamente acusada de sua parcela de heresias. Talvez a mais séria destas preocupações seja uma concepção na qual já tocamos: o modalismo. Para recapitular, segundo o modalismo, Deus não é três pessoas distintas, mas sim uma pessoa que atua em três papéis na história. Nesta concepção, Deus é como um ator que usa três máscaras diferentes durante seu desempenho. Desta maneira, Deus primeiro atua como o Pai, depois como o Filho e finalmente como o Espírito Santo. Como o modalismo tem sido denunciado como uma heresia desde o início do século III, não é uma questão pouco importante que *A cabana* tenha sido acusada deste erro teológico. Mas, antes de permitirmos que as contribuições desse livro sejam anuladas, precisamos considerar se a temida letra *H* é uma acusação legítima.

Na verdade, o crítico pode organizar uma lista impressiva de textos apoiando a acusação. Pense na primeira descrição de Papai da encarnação: "Quando nós três penetramos na existência humana sob a forma do Filho de Deus, nos tornamos totalmente humanos. Também optamos por abraçar todas as limitações que isso implicava. Mesmo que tenhamos estado sempre presentes nesse universo criado, então nos tornamos carne e sangue" (89; ver também 90 e 187). Em vez de afirmar que o Filho de Deus tornou-se encarnado (João 1:14), esta passagem parece sugerir que o Pai, o Filho e o Espírito Santo todos se tornam encarnados, como se todos os três se espremessem no corpo de Jesus se desenvolvendo no útero de Maria! Mas certamente esta noção bizarra não pode ser correta. Então, há outra interpretação para as palavras de Papai? A outra possibilidade óbvia é que Papai esteja querendo afirmar que as três pessoas são realmente uma pessoa que encarnou como Jesus. Infelizmente, esta interpretação mais plausível é modalística.

Há alguma outra evidência para corroborar a interpretação modalística de *A cabana*? Pense que Papai diz: "Sou Deus. Sou quem sou" (88). Em outras palavras, Papai dá a si mesmo o nome único de Deus (Êxodo 3:14). Para complicar as coisas, mais adiante, Sarayu reclama o mesmo nome para si: "Sou o que sou. Serei o que serei" (190). Mas, se há um EU SOU, e tanto Papai quanto Sarayu reivindicam ser o EU SOU, então Papai e Sarayu não são uma e a mesma pessoa?

Esta questão não é de pouca importância, pois, como eu disse inicialmente, a doutrina da Trindade é uma marca essencial da identidade cristã. Negue-a e será rotulado com aquela feia palavra "herege". Então, há evidências suficientes em *A cabana* para acusar o livro de heresia? Embora eu admita que a referência aos três afirmando a própria existência seja infeliz, neste capítulo vou argumentar que, quando entendemos a doutrina da Trindade e a sutil apresentação que *A cabana* faz dela, veremos que esse livro não é absolutamente herege. De fato, ele apresenta uma articulação estimulante daquilo que os cristãos *devem* acreditar sobre Deus! Na verdade, quando todas as evidências são apresentadas, fica a nosso cargo ponderar, para início de conversa, como os críticos podem ter chegado a essa conclusão.

A TRINDADE PARADOXAL NA SAGRADA ESCRITURA

Um dos meus problemas com alguns críticos de *A cabana* é que eles têm criticado tensões na descrição que o livro faz de Deus, sem sequer reconhecer tensões similares na descrição que a Bíblia faz de Deus.

Assim sendo, precisamos começar observando que muitos críticos do cristianismo têm acusado a doutrina da Trindade de ser contraditória. Afinal, os trinitarianos afirmam que há três pessoas divinas e distintas: o Pai, o Filho e o Espírito Santo, mas há apenas um Deus. Isto levou o unitariano do século XVIII, Joseph Priestley, a se queixar de que a afirmação de que Pai, Filho e Espírito Santo são um Deus "é certamente uma grande contradição, como seria dizer que Pedro, Tiago e João, possuindo cada um deles uma característica que é requisito para constituir um homem completo, no todo não são três homens, mas apenas um homem".* Segundo críticos como Priestley, para os cristãos reconhecerem três seres divinos, devem admitir que realmente são triteístas (ou seja, que acreditam que há três deuses)! É apenas o pensamento obstinado e confuso que lhes permite insistir que são monoteístas.

Priestley tem um argumento legítimo. Então, por que a Igreja adotou uma doutrina que parece ser contraditória? A questão é especialmente urgente, porque o cristianismo não é como algumas tradições religiosas (por exemplo, o zen-budismo), que deliberadamente abraça paradoxos da razão como uma maneira de abrir a mente para o esclarecimento místico. Ao contrário, os cristãos têm em geral encarado muito seriamente a razão. Como resultado, reconhecem que uma doutrina aparentemente contraditória não é um assunto trivial. Mas, mesmo assim, veem-se impelidos a afirmar cada uma das afirmações doutrinárias básicas da Trindade que, quando reunidas, parecem conduzir a uma contradição. Ou seja, eles acreditam que a Sagrada Escritura afirma que existe

---

* Joseph Priestley, *The Theological and Miscellaneous Works of Joseph Priestley*, ed. John Towil Rutt. No Place: G. Smallfield, 1786, p. 34.

um Deus, que o Pai, o Filho e o Espírito Santo são Deus, e que o Pai, o Filho e o Espírito Santo são distintos. Vamos parar um momento para considerar algumas evidências bíblicas para cada uma destas afirmações.

Existe um Deus. Esta é a admissão mais simples a ser estabelecida, pois o monoteísmo é o ensinamento consistente da Sagrada Escritura (Êxodo 3:14; Isaías 44:6) e nunca foi questionado pelos primeiros cristãos (1 Coríntios 8:6; Tiago 2:19).

O Pai, o Filho e o Espírito Santo são Deus. Em todo o Novo Testamento, o título de Deus é consistentemente aplicado ao Pai (por exemplo, Mateus 6:9; 1 Coríntios 8:6). Mas há também evidências da divindade do Filho e do Espírito? Jesus é explicitamente identificado como Deus em algumas poucas passagens, incluindo João 1:1, 1:18 e na incrível confissão de Tomás em João 20:28, em que ele declara a Jesus: "Meu Senhor e meu Deus!". Outras passagens se referem à divindade de Cristo, incluindo Romanos 9:5, Colossenses 1:15 e 2:9, e Hebreus 1:10-12, nas quais o escritor aplica a Jesus a descrição de Javé no Salmo 102: 25-27. Mas meu exemplo preferido da Sagrada Escritura para a divindade de Cristo está no enigmático livro do Apocalipse: enquanto o Senhor Deus se proclama como "o Alfa e o Ômega" em 1:18 (compare com Isaías 44:6), mais tarde, em 22:13, Jesus se descreve como o Alfa e o Ômega, o princípio e o fim (compare com Hebreus 13:8). Com este título divino, encontramos uma revelação realmente bela da plena divindade de Cristo atingindo o clímax final de toda a Sagrada Escritura! Além destes textos, os primeiros cristãos dirigiram orações (Atos 7: 59-60; 1 Coríntios 16:22; 2 Coríntios 12:8; Apocalipse 22:20) e louvores (Hebreus 13:21; 2 Pedro 3:18) a Jesus. Na verdade, Deus *ordena* a seus anjos que adorem Cristo (Hebreus 1:6) e, no Apocalipse, vemos uma visão de todas as criaturas no céu e na terra louvando a Deus *e* ao Cordeiro (5:13)! Quando se considera que todas estas afirmações estão sendo feitas pelos convertidos recentes do judaísmo, a religião mais vigorosamente monoteísta que o mundo jamais conheceu, o efeito é simplesmente espantoso! De algum modo, os primeiros seguidores de Jesus foram direcionados a reconhecer que ele tinha uma divindade igual à do Pai, ainda que continuassem a manter seu compromisso com o monoteísmo.

Há pouca dúvida de que a Sagrada Escritura retrata o Espírito Santo como plenamente divino, pois ele é o Espírito de Deus (Mateus 3:16) e de Cristo (Romanos 8:9). Além disso, o único pecado imperdoável é blasfemar contra o Espírito Santo (Marcos 3:29), e mentir ao Espírito Santo equivale a mentir a Deus (Atos 5:3-4). Assim, a preocupação de grande parte do debate inicial sobre o Espírito Santo era definir se o Espírito Santo era uma pessoa distinta. O problema surgiu porque a palavra "espírito" pode também ser traduzida como hálito, e "hálito de Deus" soa como se ele pertencesse à mesma categoria antropomórfica de a mão do Senhor (Êxodo 7:5) e os olhos do Senhor (Gênesis 18:3,10). (Ninguém está inclinado a admitir Pai, Filho e os olhos de Deus, e então por que alguém admitiria Pai, Filho e Espírito/hálito de Deus?) Não obstante, a Igreja concluiu que o Espírito Santo não era meramente uma descrição antropomórfica do hálito de Deus, mas uma pessoa distinta.

Uma razão excelente para se acreditar que o Espírito Santo é uma pessoa, é porque assim o acreditava Jesus. Afinal, Jesus prometeu o Espírito Santo como *outro* consolador (o que significa outro como Jesus, um da mesma espécie) que viria na sua ausência

(João 14:16-17). Se Jesus é uma pessoa divina, então isto implica a vinda de outra pessoa divina. Esta interpretação é reforçada pelo fato de Jesus se referir ao Espírito Santo pelo pronome pessoal "ele", como em "ele dará testemunho de mim" (João 15:26) e "ele vos guiará a toda a verdade" (João 16:13). Esta *não* seria a maneira de se descrever hálito! Não surpreendentemente, a Igreja inicial vivenciou o Espírito Santo como uma realidade pessoal que falava aos apóstolos e os guiava (Atos 9:31, 13:2).

O Pai, o Filho e o Espírito Santo são distintos. Finalmente, voltamos ao grande número de textos do Novo Testamento que distinguem claramente as pessoas. Por exemplo, durante o batismo de Jesus, o Pai falou do céu e o Espírito Santo desceu como uma pomba (Lucas 3:21-22). Dados os papéis distintos que o Pai, o Filho e o Espírito Santo desempenharam neste evento específico, parece muito implausível supor que o batismo consistia de uma pessoa divina assumindo simultaneamente todos os três papéis! Na verdade, as três pessoas repetidas vezes se distinguem uma da outra quando Jesus rezou ao Pai em Getsêmani e deu sua palavra ao Espírito no aposento superior. Além disso, podemos acrescentar muitas outras passagens em que as pessoas são claramente distinguidas (ver Mateus 28:19-20; 1 Coríntios, 12:4-6; 2 Coríntios 13:14; Efésios 2:18; 1 Pedro 1:2-12; Judas 20-21; Apocalipse 1:4-5).

Esta evidência sugere que, longe de resolver conceber uma doutrina aparentemente contraditória, os cristãos foram obrigados a aceitar este conjunto de afirmações pelas próprias revelações do Novo Testamento. Entretanto, embora este possa ser na verdade o testemunho da Sagrada Escritura, não diminui o fato de parecer envolver uma afirmação contraditória de que um é igual a três! Embora os cristãos admitam o problema, em vez de admitirem que o ensino é contraditório, eles o explicam como sendo um paradoxo (ou seja, uma *aparente* contradição). Três pontos corroboram esta afirmação. Primeiro, a doutrina da Trindade não é estabelecida de maneira diretamente contraditória. Isto é, os cristãos não dizem que "o Deus único é três deuses". Isso *seria* contraditório. Em vez disso, declaram que Deus é três *pessoas*. Embora esta manobra possa ser insuficiente para garantir a coerência da doutrina, é suficiente para evitar uma contradição explícita.*

É claro que algumas pessoas vão continuar céticas, acreditando que os cristãos estão apenas tentando ocultar uma afirmação contraditória com um apelo a um paradoxo. Isto nos conduz ao segundo ponto: que até mesmo disciplinas extremamente racionais e rigorosas, como a matemática e a física quântica, admitem a existência de muitos paradoxos que são aceitos pelos especialistas de cada disciplina.** Mas se os matemáticos e físicos podem racionalmente aceitar paradoxos baseados em seus conjuntos de dados, certamente os teólogos também podem. Deveria nos surpreender que há muita coisa no céu e na terra que não conseguimos entender totalmente? Como disse o grande matemático e apologista Blaise Pascal "A razão é o passo final para reconhecer que há uma infinidade de coisas além dela".*** Na verdade, Willie

---

* Para um levantamento de algumas tentativas de teólogos cristãos para explicar a coerência da doutrina, ver, de minha autoria, *Faith Lacking Understanding*. Carlisle: Paternoster, 2008, ch. 2.

** Para uma visão geral dos paradoxos relacionados ao infinito matemático, ver a introdução a A.W. Moore, *The Infinite*. London and New York: Routledge, 1990.

*** Blaise Pascal, *Pensées*, ed. and trans. Roger Ariew. Indianápolis/Cambridge: Hackett Publishing Co., 2005), p. 55. [Ed. bras.: *Pensamentos*. São Paulo: Martins Fontes, 2005.

faz uma observação similar em *A cabana*, quando sugere que alguns mistérios só podem ser compreensíveis em um reino de "suprarracionalidade" que transcende nossas mentes insignificantes (61).

Finalmente, chegamos ao nosso terceiro ponto: se há algum lugar em todo o conhecimento humano em que esperaríamos encontrar paradoxos, este certamente estaria na nossa tentativa de entender Deus! Lembre-se de que comentamos que um atributo fundamental de Deus é a infinidade, sua absoluta transcendência sobre nossos conceitos. Mas então o cristianismo aparece para colocar um paradoxo *exatamente onde esperaríamos encontrar um*: na doutrina de Deus! Visto desta perspectiva, pode ser que o paradoxo que enfrentamos não seja tanto um problema, mas um sinal de que estamos *realmente* captando o Deus infinito! Como diz Papai: "Quem quer adorar um Deus que pode ser totalmente compreendido, hein? Não há muito mistério nisso" (91).

A cabana é modalista?

Pode-se admitir que a Sagrada Escritura apresenta um mistério e ainda argumentar que *A cabana* sai totalmente do caminho do mistério e entra na seara da heresia modalística. O primeiro problema dessa acusação, baseada em algumas passagens de *A cabana*, é que se poderia também citar seletivamente trechos da Sagrada Escritura para apoiar o modalismo. Por exemplo, a profecia messiânica familiar em Isaías 9:6 descreve a criança que vai nascer como "Pai Eterno" *e* como "Príncipe da Paz". Mas, espere! Isto parece sugerir que Jesus, o Príncipe da Paz, é o mesmo indivíduo que o Pai Eterno, e isto implica modalismo! Além disso, a afirmação de Jesus de que ele é a unidade com o Pai (João 10:10) poderia ser interpretada como significando que eles são um e a mesma pessoa. A mesma interpretação poderia ser derivada da afirmação de Jesus de que quem o viu, viu o Pai (João 14:9). Assim, a Sagrada Escritura pode ser usada para desenvolver uma defesa do modalismo! Entretanto, antes que você entre em pânico, esteja certo de que esta não é uma boa defesa. Esta lista ignora tanto o contexto das passagens relevantes quanto o testemunho mais amplo da Sagrada Escritura.

Surge então a questão óbvia: se até mesmo a Sagrada Escritura pode ser seletivamente citada em favor do modalismo, o que dizer de *A cabana*? Há evidências de que os críticos têm desenvolvido uma defesa equivocada baseada em alguns textos problemáticos? Como resposta, vamos começar com um ponto que é tão óbvio que pode ser facilmente negligenciado. Uma maneira de nos posicionarmos contra o modalismo na Sagrada Escritura está enraizada na repetida distinção entre Pai, Filho e Espírito Santo na narrativa bíblica (por exemplo, no batismo de Jesus). Além disso, o fato de *A cabana* repetidas vezes distinguir Papai, Jesus e Sarayu também vai contra o modalismo. Na verdade, em *muitas* ocasiões, Mack está simultaneamente presente com Papai, Jesus e Sarayu (com frequência compartilhando uma refeição), e os observa interagir com intimidade e amor. Se este é um Deus simplesmente desempenhando três papéis simultâneos, então este é o truque singular (e enganador)!

Vamos agora considerar o ponto problemático em que Papai parece dizer que os três se tornam encarnados como um. A única coisa que devemos observar aqui é que Mack não entende que isto implique modalismo. Ao contrário, a declaração de Papai prepara

Mack para o quebra-cabeça das relações misteriosas da Trindade: "Mas que diferença faz o fato de haver três de vocês e que todos sejam um só Deus?" (101). Certamente, Mack pode ficar perdido quando pensa sobre a Trindade, mas então ele é como o resto de nós. O ponto importante é que aqui, como em toda parte, o livro opta mais pelo mistério do que pelo modalismo.

Se alguém realmente precisasse de um bom sinal de que *A cabana* não é modalística, poderia encontrá-la no fato de que outros críticos a têm acusado do erro exatamente oposto: de triteísmo! Esses críticos se preocupam de que haja distinção *demais* em Papai, Jesus e Sarayu, e por isso eles devem ser três deuses! Mas certamente estas duas acusações anulam uma à outra! Na verdade, *A cabana* rejeita claramente tanto o modalismo quanto o triteísmo. Como diz Papai: "Não somos três deuses e não estamos falando de um deus com três atitudes, como um homem que é marido, pai e trabalhador. Sou um só Deus e sou três pessoas, e cada uma das três é total e inteiramente o um" (91). Insistindo no mesmo ponto, Papai prossegue explicando que, se o modalismo fosse realmente verdade, então Deus não poderia ser amoroso em sua essência. Como Deus é amoroso em sua essência, Ele precisa ser a Trindade! O mistério da Trindade é, sem dúvida, enorme: Como Papai, Jesus e Sarayu poderiam ser essas três pessoas distintas e plenamente divinas, e ainda existir apenas um Deus? Por mais que elaboremos isto, devemos seguir o conselho de *A cabana* e abraçar mais o mistério do que a heresia.

A cabana é simplesmente um livro confuso?

Talvez a crítica deva admitir que *A cabana* não seja realmente modalística, mas o livro pode ser simplesmente confuso? Pode ser que *A cabana* realmente não saiba em que acredita? Na verdade, talvez os sinais mistos de identidade e distinção que provocam acusações contraditórias surjam simplesmente desta confusão. Na realidade, eu diria que a tensão entre o um e o três que existe em *A cabana* é um sinal de boa teologia bíblica. Isto vai ficar claro se voltarmos à Sagrada Escritura, pois aí está enraizada a tensão entre o um e o três.

Vou dar três exemplos. Comecemos pelas passagens do "Anjo do Senhor" no Velho Testamento, pois estas vêm há muito confundindo os intérpretes (ver, por exemplo, Gênesis 16:7-13; Êxodo, 3:2-6). O mistério está no fato de que, quando o Anjo do Senhor aparece, ele é ao mesmo tempo separado de Deus e identificado com Deus. Por exemplo, imediatamente depois que o Anjo do Senhor impede Abraão de prosseguir seu sacrifício de Isaac, o Anjo chama Abraão, mas é o Senhor quem fala: "Por Mim mesmo, jurei, diz o Senhor, porquanto fizeste esta ação e não Me negaste o teu filho, o teu único, que deveras te abençoarei" (Gênesis 22:16-17). Mas como pode ser isso que, quando o Anjo do Senhor fala, é Deus quem fala? O anjo é realmente Deus ou distinto de Deus? Realmente o anjo não pode ser ambos?

À medida que continuamos a refletir sobre esse quebra-cabeça, encontramos um mistério muito semelhante bem no início do evangelho de João: "O Verbo estava com Deus e o Verbo era Deus" (João 1:1). Aqui o "Verbo" é Jesus. E por isso João parece estar dizendo que o Verbo é Deus e ao mesmo tempo é distinto de Deus. Mas como pode ser isso? Como o Verbo pode *estar com* Deus e também *ser* Deus? Embora este mistério permaneça conosco, é interessante notar que muitos teólogos do início da Igreja ligavam as passagens confusas do Anjo do Senhor com Jesus, argumentando que o Anjo era Jesus antes da encarnação! (Encontra-se apoio implícito para esta afirmação no fato de que o Anjo do Senhor não aparece no Novo Testamento, talvez porque esteja agora no meio de nós como Jesus.)

Finalmente, vamos considerar uma passagem mais difícil, esta presente nos escritos de Paulo: "Ora, o Senhor é o Espírito; e onde está o Espírito do Senhor aí há liberdade. Mas todos nós, com rosto descoberto, refletindo como um espelho a glória do Senhor, somos transformados de glória em glória na mesma imagem, como pelo Espírito do Senhor" (2 Coríntios 3:17-18). Isto é confuso porque, em outro local, Paulo distingue claramente Jesus e o Espírito Santo (Romanos 15:30; 1 Coríntios 6:11). Na verdade, ele faz isso mais tarde em sua própria carta (2 Coríntios 13:14)! No entanto, nos dois versículos acima citados, Paulo parece *identificar* Jesus e o Espírito Santo. Como explicamos estas declarações aparentemente contraditórias relacionadas ao Anjo do Senhor, Deus, Jesus e o Espírito Santo?

O interessante sobre as passagens bíblicas em questão é que elas refletem uma tensão muito parecida com aquela presente em *A cabana*. Esta é a tensão entre afirmar a identidade de três pessoas distintas em um Deus e ao mesmo tempo evitar tanto o modalismo quanto o triteísmo. Em toda a Sagrada Escritura, e particularmente no Novo Testamento, há uma tentativa de afirmar tanto a identidade quanto a distinção. Lembre-se de que Papai e Sarayu reivindicam para si o nome divino "EU SOU". Isto é evidência de modalismo? Certamente não mais do que quando Jesus declara o nome divino em João 8:58: "Antes que Abraão existisse, EU SOU!". E não vamos nos esquecer de que Jesus recomenda o batismo a seus discípulos em *nome* (singular) do Pai, do Filho e do Espírito Santo (Mateus 28:19). Em outras palavras, os padrões de identidade e distinção de *A cabana* remetem a padrões anteriores encontrados na Sagrada Escritura.

Dada a natureza misteriosa do testemunho bíblico, como os cristãos devem declarar a doutrina da Trindade? Se estamos preocupados em evitar a heresia, devemos dizer que acreditamos em quê? Consideremos de novo a definição de Papai: "Sou um só Deus e sou três pessoas, e cada uma das três é total e inteiramente o um" (91). É fascinante observar que esta declaração é realmente bastante similar a algumas afirmações formais muito influentes da doutrina da Trindade. Consideremos a influência do Quarto Concílio de Latrão de 1215 da Igreja Católica, que definiu a Trindade como "uma realidade suprema ... incompreensível e inefável, que é verdadeiramente o Pai, o Filho e o Espírito Santo; ao mesmo tempo as três pessoas são consideradas juntas e cada uma delas isoladamente".* É isto exatamente que *A cabana* diz! Como as duas definições nos lembram, devemos tomar cuidado para não pensar no Pai, no Filho e no Espírito Santo como três partes de um Deus. Em vez disso, cada um integralmente é um Deus, e no entanto eles são distintos e só existe um Deus. Seria ótimo se muitos críticos de *A cabana* conseguissem articular tão bem este mistério quanto o livro que eles criticam!

* Citado em David Brown, *The Divine Trinity*. London: Duckworth, 1985, p. 242.

Contemplar a Trindade pode com certeza ser confuso se estamos constantemente indecisos entre pensar em Deus como um e como três. Vemos isto quando Felipe, depois de pedir a Jesus para ver o Pai, é informado de que ele está vendo o Pai em Jesus (João 14:9). Vemos isto quando os primeiros cristãos são advertidos de que mentir para o Espírito Santo é mentir para Deus (Atos 5:4). E vemos isso quando Mack tem uma conversa com Papai sobre a limitação e depois Sarayu recorda a conversa como se *ela* estivesse falando com ele (97)! Isto não é modalismo porque Mack se volta para Papai confuso, e Papai devolve o seu olhar intencionalmente (ou seja, Papai e Sarayu são diferentes). Mas esta é uma referência sutil ao dinamismo entre o um e o três. A bela oscilação entre a unidade e a distinção é evidente quando Mack conhece os três e pergunta qual deles é Deus: "'Eu sou', dizem os três em uníssono. Mack olhou de um para o outro e, mesmo sem entender nada, de algum modo acreditou" (77). E, finalmente, vemos isso próximo ao final da estada de Mack quando, no memorial de Missy, Sarayu canta a canção de Missy e depois: "Deus, todos os três, disseram simultaneamente, 'Amém'" (217). Talvez nenhum teólogo tenha descrito esta desconcertante experiência do Deus Triuno tão bem quanto o teólogo do século IV, Gregório Nazianzo:

> Assim que eu concebo o Um sou iluminado pelo esplendor dos Três; assim que eu Os distingo, sou levado de volta ao Um. Quando penso em Um dos Três, penso n'Ele como o todo, e meus olhos ficam saciados e a maior parte do que estou pensando me escapa. Não consigo captar a grandeza desse Um e do mesmo modo atribuir uma grandeza maior ao resto. Quando contem-

plo os Três juntos, vejo apenas uma tocha, e não consigo dividir ou medir a luz indivisa.*

Este mesmo mistério dinâmico invade a Sagrada Escritura quando os seres humanos humildemente encontram o infinitamente misterioso Três em Um. E, do mesmo modo, esta é uma realidade sempre presente para Mack em seu inesquecível fim de semana.

A retratação matizada das três pessoas divinas em *A cabana* se estende à maneira singular em que a narrativa identifica as características distintas de cada um. Assim, vamos terminar o capítulo com uma reflexão sobre as diferentes revelações de Sarayu e de Jesus.

Conhecendo o mistério de Sarayu

Tendo sido criado na Igreja Pentecostal, vivi durante anos dentro de uma tradição que enfatiza fortemente o Espírito Santo. Mas até mesmo os pentecostais podem ter dificuldade em pensar no Espírito Santo em termos totalmente pessoais. Eu me recordo de um pastor que descrevia como, após uma multidão se reunir para receber o Espírito Santo em um chamado no altar, o Espírito Santo rugiu no aposento e depois "ricocheteou em um companheiro e bateu em outro!". Mas o Espírito Santo não é como uma bola de fliperama saltando em meio à congregação. Embora

* Citado em Vladimir Lossky, *The Mystical Theology of the Eastern Church*. Crestwood, NY: St. Vladimir's Seminary Press, 1976, p. 46.

esta possa ter sido uma declaração infeliz, reflete o fato de que os cristãos sempre tiveram dificuldade para pensar no Espírito Santo em termos pessoais. Afinal, enquanto o Pai e o Filho são revelados em toda a Sagrada Escritura em metáforas concretas e pessoais (com o Filho até se tornando encarnado), não há imagens igualmente concretas e pessoais do Espírito Santo. Ao contrário, a imagem mais dominante do Espírito é aquela do vento: "O vento sopra onde quer, e ouves a sua voz; mas não sabes donde vem, nem para onde vai; assim é todo aquele que é nascido do Espírito" (João 3:8). A imagem do vento é intrigante, tanto no que ele revela quanto no que não revela do Espírito Santo. O vento está sempre em movimento e não é visto diretamente, mas apenas através de seus efeitos no mundo. Além disso, o conceito de vento/hálito proporciona uma imagem íntima e penetrante. Estas características do vento captam algo da ação do Espírito Santo no mundo.

A cabana reflete o movimento do Espírito Santo juntamente com o fato de que ele é a mais intangível das pessoas. Lemos o seguinte do primeiro encontro de Mack com Sarayu:

> Enquanto a mulher recuava, Mack se pegou franzindo os olhos na direção dela, como se isso lhe permitisse enxergar melhor. Mas, estranhamente, ainda tinha dificuldade para focalizá-la. Ela parecia quase tremeluzir na luz e seu cabelo voava em todas as direções, apesar de não haver nenhuma brisa. Era quase mais fácil vê-la com o canto do olho do que a fixando diretamente. (74)

Com esta imagem, *A cabana* comunica o dinamismo de Sarayu comparando-a com o vento que está em constante movimento (109). Além disso, como o vento, é impossível percebê-la diretamente, pois ela "parecia entrar e sair de seu campo de visão"

(75). Por isso a obra do Espírito Santo permanece misteriosa e imprevisível, pois "Sarayu oscilava como um vento brincalhão e ele jamais sabia exatamente para onde ela estava soprando" (118).

O mistério chega até nós de outras maneiras surpreendentes. Muitas pessoas que presenciaram a morte de um ente querido descrevem a sensação de que algo foi desprendido na morte. Os cientistas do século XIX realmente tinham um termo para isto: eles o chamavam de força vital, e, quando a força se desprendia, a morte chegava. Infelizmente, esta descrição nunca se popularizou como uma teoria. Talvez fosse misteriosa demais para a mente científica moderna.

Até hoje permanece em grande parte misterioso o que exatamente ocorre no momento da morte. Do ponto de vista bíblico, temos uma resposta: quando o Espírito que dá vida retira esse fôlego, segue-se a morte (Salmo 104:30; Jó 34:14-15). Assim, o Espírito Santo está radicalmente presente em todas as coisas vivas, garantindo a vida a cada momento. Dentro desta luz, é fascinante ver como isto se reflete quando Mack é abraçado por Sarayu. Surpreendente, ela penetra em todo o seu ser de tal modo que ele não consegue dizer onde o corpo dele termina e onde começa a presença vivificante de Sarayu: "De repente, Mack sentiu-se mais leve do que o ar, quase como se não tocasse mais o chão. Ela o estava abraçando sem abraçá-lo, ou sem mesmo tocá-lo. Só quando ela recuou, o que provavelmente aconteceu apenas alguns segundos depois, ele percebeu que ainda estava de pé" (75-76). Tal é a descrição do encontro de alguém com o Espírito que dá vida a todas as coisas e depois vem morar dentro daquele que crê.

Além disso, o Espírito Santo trabalha para capacitar e inspirar os seres humanos para realizarem várias tarefas, incluindo grandes obras de beleza estética (Êxodo, 31:1-5). Como é incrível ponderar que as grandes obras de arte refletem as maneiras em que o Espírito Santo trabalha para mediar a beleza e levar a glória de volta a Deus Pai, para que a cultura possa louvar a Deus como louva a Criação (Salmo 19:1-2). Sarayu manifesta a presença criativa e vivificante do Espírito Santo na Criação com seu papel de guardião dos jardins (76). Além do seu talento artístico na Criação, que é manifestada no jardim, ela reflete sua presença na cultura e na arte humanas cantando a bela canção de Missy (99), uma imagem que é especialmente profunda se a composição original da canção de Missy foi inspirada pelo Espírito Santo!

Jesus Cristo,
homem e mediador

Em contraste com os encontros com Papai, que muda da forma feminina para a masculina conforme requeira a necessidade, e com Sarayu, que permanece eternamente intangível e misteriosa, os encontros de Mack com Jesus são incrivelmente concretos e tangíveis. Em vez de mudar de forma, Jesus permanece concretamente presente como um carpinteiro judeu do século I com um bom senso de humor... e uma aparência bastante comum (75, compare com Isaías 53:2). Em consequência disso, Mack, naturalmente, se sente mais à vontade perto de Jesus, porque este parece "mais real ou tangível" (100). Jesus também reconhece que é diferente de Papai e Sarayu quando explica a Mack: "Como eu sou humano, nós temos muito mais em comum" (100).

Então, embora de início Mack ache difícil se relacionar com a presença quase dominadora de Papai e com a natureza misteriosa de Sarayu, ele sempre acha Jesus acessível: "Admitiu que gostava um bocado de Jesus, mas ele parecia o menos divino dos três" (106). A presença singularmente concreta de Jesus se torna evidente de uma maneira terrena, mas notável, quando Jesus abraça Mack e (ao contrário do abraço etéreo de Sarayu) seu abraço realmente parece um abraço (75, 201)!

Com essa simples mas profunda reflexão de que um abraço de Jesus é um abraço humano real, penetramos em um dos maiores mistérios da teologia: a encarnação de Deus Filho como Jesus Cristo (João 1:14). Lamentavelmente, os cristãos têm com frequência falhado no entendimento da total importância deste mistério. É aí que *A cabana* tem algo muito importante para nos mostrar. Para começar, precisamos reconhecer todas as implicações do fato de que Cristo se esvaziou (Filipenses 2:7), assumindo assim todas as limitações da humanidade. No entanto, mesmo quando os cristãos afirmam a plenitude da encarnação, eles em geral não têm consciência da extensão radical da afirmação cristã. Veja, a encarnação não é simplesmente um acontecimento anômalo que ocorreu durante cerca de três décadas, dois milênios atrás, mas *permanece até hoje uma realidade viva*! Jesus não deixou sua humanidade para trás quando ascendeu de volta ao céu. Ao contrário, ele ascendeu à mão direita do Pai como o Deus-Homem eternamente encarnado (1 Timóteo 2:5).

Se for nisto que os cristãos *supostamente* acreditam, então por que tantos cristãos parecem acreditar que Jesus finalmente se libertou da sua humanidade? Desconfio que muitos supõem que, quando Jesus foi elevado ao lugar mais alto (Filipenses 2:9), ele deve ter deixado sua humanidade para trás. Mas, na verdade, a Sagrada Escritura *em parte alguma* sugere que a exaltação de

Cristo envolveu o fim da encarnação. Ao contrário, Cristo teve um corpo de ressurreição totalmente humano (Lucas 24:38-43; João 20:26-29), e ascendeu incorporado para a mão direita do Pai (Lucas 24:51). Ele irá retornar desta mesma maneira (Atos 1:11) como o Filho do Homem (Mateus 16:27). O grande mistério do Deus Filho assumindo o humilde estado humano continua quando o Filho encarnado exalta a sua humanidade de volta ao divino.

Mesmo que Cristo estivesse eternamente encarnado, pode-se muito bem imaginar que diferença isto faria. Para ilustrar, vamos pensar no contraste entre uma pessoa que vai à Índia numa curta missão de duas semanas entre os *dalits* (também conhecidos como os intocáveis, a classe socioeconômica mais baixa da Índia), e outra pessoa que vai trabalhar com os *dalits* pelo resto da sua vida. Embora possamos admirar o compromisso do missionário de curto prazo (essa não é a maneira como *eu gostaria* de passar minhas férias!), há simplesmente uma ordem diferente de compromisso no missionário da vida toda. Não podemos sequer imaginar dedicar toda a nossa vida a tal serviço. Anos depois que o primeiro missionário retornou à sua vida norte-americana, o segundo missionário ainda continuará a trabalhar entre os *dalits*. Ora, *isso* mostra um amor singularmente profundo por esse povo.

É isso que a encarnação envolve. É incrível como a extraordinária identificação de Cristo com a condição humana é parecida com a do segundo missionário! Considere que, assim como o segundo missionário continua a trabalhar para os *dalits*, mesmo agora Cristo continua a trabalhar como mediador perante o Pai (1 Timóteo 2:5). Isto não destrói o sacrifício definitivo na cruz, mas sim reflete o fato de que ele continua a trabalhar como nosso mediador na aplicação desse trabalho reparador para nossas vidas. O escritor dos Hebreus vai além na sua explicação: "Portanto, pode também salvar perfeitamente os que por ele se chegam a Deus, vivendo sempre para interceder por eles" (Hebreus 7:25). E então, como era crucial que Cristo realizasse seu trabalho de reparação como totalmente Deus e totalmente homem, permanece importante que seu trabalho de mediação continue a ser realizado como "totalmente Deus e totalmente homem". O resultado incrível, como explica Paulo, é que podemos nos aproximar de Deus com liberdade e confiança através da fé em Cristo (Efésios 3:12).

Há alguma maneira de podermos tornar mais concreto este conceito do contínuo papel mediador de Cristo? Para responder a esta pergunta, podemos recorrer ao tópico da oração. Em seu inesquecível fim de semana, Mack fica certamente confuso diante da ideia de agradecer pela refeição quando seus três comensais são o Pai, o Filho e o Espírito Santo. Mas poucas pessoas podem afirmar ter se sentado para jantar com uma pessoa (ou mais) da Trindade. Para a maioria de nós, a maneira normativa de comungar com Deus é através da oração, e por isso é importante entender a forma apropriada de oração.

Como a oração é ensinada e exemplificada no Novo Testamento? Embora haja quatro locais no Novo Testamento em que as orações são dirigidas a Cristo (citados acima), estes não parecem ser normativos para a Igreja. Em vez disso, como uma prática regular, Jesus nos ensinou a orar ao Pai (Mateus 6:9), e esta orientação para a oração foi assumida na Igreja inicial (Atos 12:5; Colossenses 1:3). Embora as orações sejam dirigidas ao Pai, Cristo é o mediador de nossas orações, aquele *através de quem* oramos ao Pai: "Por Jesus, pois, ofereçamos sempre a Deus um sacrifício de louvor, isto é, o fruto dos lábios que confessam o seu nome" (Hebreus 13:15). Só por causa da obra de Cristo somos chamados de filhos de Deus e assim podemos nos referir ao Pai de Jesus na oração como *nosso* Pai. Em vista disso, embora orar a Jesus seja certamente apropriado, pois ele é Deus, se só orarmos a Jesus tenderemos a escapar da verdade de que o seu trabalho é mediar nossas orações ao Pai.*

A vida de oração é apenas uma maneira de Jesus continuar como mediador do nosso relacionamento com Deus. Quando Mack descobre a presença concreta e tangível de Jesus, ele é levado ao encontro do maravilhoso mistério de que Cristo continua sendo o nosso mediador junto ao Pai. É através de sua conversa íntima com Jesus que Mack é levado de volta a Papai, onde finalmente encontra o perdão e a restauração do relacionamento.

* Ver Alan Torrance, "Being of One Substance with the Father", in Christopher Seitz, ed., *Nicene Christianity: The Future For a New Ecumenism*. Grand Rapids, MI: Brazos Press, 2001, p. 59.

Indo mais fundo

1. Você acha que a doutrina da Trindade faz alguma diferença na vida espiritual da sua igreja ou em suas devoções pessoais?
2. Você acha uma das três pessoas mais fácil de abordar do que as outras? Se acha isso, por quê?
3. O que acha da noção de que Jesus Cristo se identificou eternamente com a condição humana?
4. Como reagiria à afirmação de que a doutrina da Trindade é contraditória?

CAPÍTULO 3

DEUS COM NINGUÉM NO COMANDO

VAMOS FAZER UM JOGO de associação de palavras. Quando você escuta a palavra *Deus*, que descritores lhe vêm à mente? Se for como a maioria das pessoas, pensa em palavras como "soberano", "poderoso", "austero", "absoluto" e "imponente". Baseado nesta perspectiva, pode esperar que um encontro com Deus seja especialmente impressionante, talvez marcado por *flashes* de luz, ruídos de trovão, ventos uivantes... e uma considerável parcela de terror. (Ver Êxodo 19:16-19 para uma amostra.)

Assim, é totalmente surpreendente que o primeiro sinal da presença de Deus na cabana não sejam condições climáticas extremas, mas sim o caloroso e convidativo som de um *riso* (73)! Se isto é uma surpresa para Mack, sua perplexidade só aumenta quando ele conhece aqueles três personagens sorridentes. Desconhecendo sua identidade, ele pergunta se mais pessoas podem ser esperadas: "Não, Mackenzie – riu a negra. – Somos tudo o que você tem e, acredite, é mais do que o bastante" (75). Todo o tom da conversa é errado: estas pessoas são demasiado estúpidas para ser Deus! O choque inicial de Mack só aumenta quando ele testemunha a maneira casual, íntima e aparentemente muito pouco divina pela qual os três interagem um com o outro em conversas relaxadas, muitas vezes engraçadas e em geral encantadoras. Assim, embora Moisés advirta que ninguém pode olhar a face de Deus e permanecer vivo (Êxodo 33:20), Mack não tem problema em olhar diretamente para os três, "com sorrisos tolos emplastrados em suas faces" (187). E, em contraste com a imagem de Deus oculta em nuvens serpenteantes e a explosão do trovão no monte Sinai, a única explosão divina que Mack escuta é quando Jesus se atrapalha na cozinha:

> Jesus deixara cair uma grande tigela com algum tipo de massa ou molho no chão, e a coisa tinha se espalhado por toda parte. A barra da saia de Papai e seus pés descalços estavam cobertos pela massa gosmenta. Sarayu disse alguma coisa sobre a falta de jeito dos humanos e os três caíram na risada. (95)

A esta altura ficou claramente evidente que *A cabana* pretende apresentar uma total remodelação da clássica visão "elevada" de Deus. Em vez do distante Senhor soberano encontramos agora o que um amigo meu se refere como "a divindade risonha", uma divindade surpreendentemente acessível, relaxada e em geral alegre.

O que talvez seja mais surpreendente em Deus na cabana é que esta imagem remodelada não é simplesmente apresentada para suplementar ou contrabalançar a exaltada e familiar noção. Na verdade, há poucas evidências – se é que alguma – no livro do Deus descrito por nosso jogo de associação de palavras. Essa ausência parece ser intencional, pois, no cerne da descrição de Deus em *A cabana*, está uma rejeição da concepção tradicional de um monarca governando uma Criação submissa. Neste capítulo vamos examinar de perto a descrição que o livro apresenta de Deus e, em particular, sua rejeição de qualquer noção de hierarquia em Deus. Como veremos, *A cabana* oferece um repensar radical e abrangente destes conceitos. Quer finalmente se concorde ou não com a descrição, ela proporciona uma ilustração intrigante da maneira que a doutrina da Trindade abraçada por uma pessoa pode moldar poderosamente sua visão do mundo.

Pensando no Deus risonho

A descrição de um Deus rindo tem provocado reações não menos polarizadas do que aquelas despertadas pela imagem de Papai como uma mulher negra. Alguns têm encarado a imagem de um Deus próximo e sorridente como um desafio libertador e revigorante ao retrato de Deus como zangado, julgador e distante. Mas outros se preocupam de que um Deus alegre e sorridente não nos liberte; antes reflita as distorções de uma cultura extremamente cética do poder, da autoridade e da reverência.

Vamos começar considerando a extensão em que a descrição oferece uma crítica proveitosa de uma retratação extremamente insípida de Deus. Isto me impressionou certo dia em que eu visitava uma galeria de arte e vi uma pintura da entrada triunfal de Cristo em Jerusalém, em que Jesus estava montado em seu burro com um rosto totalmente sem expressão em meio a uma multidão extática! O quadro parecia sugerir, de forma bastante bizarra, que o riso estava de algum modo abaixo de Jesus, como se Deus não pudesse se dignar a dar um sorriso. Mas de onde veio esta ideia estranha? Todas as evidências sugerem que Jesus era muito inteligente e tinha um excelente senso de humor!* O que há de errado em Jesus contar uma história tola aos apóstolos em volta da fogueira? Quando Jesus contava uma piada não poderia ser tanto um sinal da sua divindade como da sua humanidade?

Embora em princípio se possa afirmar o desafio de *A cabana* à imagem de Deus como uma "divindade circunspecta", podemos ainda nos preocupar de o livro compensar exageradamente esse erro quando descreve o Pai, o Filho e o Espírito Santo como apresentando "sorrisos tolos emplastrados em suas faces". O psicanalista Jacques Lacan, que não era amigo do cristianismo, costumava se referir sarcasticamente à divindade da fé religiosa como "o bom e velho Deus". Precisamos indagar se *A cabana* deu um apoio implícito a Lacan descrevendo a Trindade como um bando alegre de bufões. Além disso, será que a Igreja mais ampla inadvertidamente reforça essas atitudes desmoralizadoras quando trata Deus mais como um velho guardião inofensivo do que como o Senhor da mansão? Proporcionamos um combustível inconsciente para o escárnio de Lacan quando nos reclinamos para trás para remover toda a reverência e o respeito em um convite à sensibilidade do

* Ver Earl F. Palmer, *The Humour of Jesus: Source of Laughter in the Bible*. Vancouver: Regent College Publishing, 2001.

investigador? O que isso diz sobre a nossa visão de Deus quando os pastores celebram uma cerimônia religiosa na igreja vestidos como se estivessem a caminho da praia, enquanto os congregados estão reclinados em bancos acolchoados tendo nas mãos seu café do Starbucks? Em suma, nós nos tornamos perigosamente casuais quando nos reunimos na presença de Deus Todo-Poderoso? Donald McCullough declara:

> Visite uma igreja numa manhã de domingo – quase qualquer uma – e provavelmente encontrará uma congregação se relacionando confortavelmente com uma divindade que se ajusta muito bem a posições doutrinárias precisas, ou que presta um apoio todo-poderoso às cruzadas sociais, ou que se adapta às experiências espirituais individuais. Mas provavelmente não vai encontrar muito respeito ou sensação de mistério. As únicas palmas suadas serão aquelas do pregador, inseguro se o sermão vai agradar; as únicas pernas bambas serão aquelas do solista prestes a cantar o Ofertório.*

Observe que nada escapa à crítica de McCullough, pois ele acusa com igual serenidade os evangélicos (aqueles que enfatizam as posições doutrinárias), os liberais (aqueles que enfatizam as cruzadas sociais) e os carismáticos (aqueles que enfatizam as experiências espirituais). Em outras palavras, toda tradição pode perder uma percepção reverente da alteridade sagrada de Deus. Mas Deus não é nosso camarada, *life coach* ou (como muitas canções de adoração contemporâneas podem sugerir) nosso consorte

* Donald McCullough, *The Trivialization of God: The Dangerous Illusion of a Manageable Deity*. Colorado Springs: NavPress, 1995, p. 13.

romântico. Certamente podemos rejeitar a imagem de Deus como tirano circunspeto e autocrático, sem precisar reinventá-lo como um bobo da corte!

Muitos cristãos atualmente podem ser tentados a rejeitar a queixa de McCullough como os resmungos previsíveis de mais um teólogo mal-humorado olhando com raiva para os bancos do fundo. Chega dessa formalidade escolar da velha Igreja! Cristo nos liberou da formalidade pomposa da religião e nos deixou livres para "nos aproximarmos com confiança do trono da graça de Deus" (Hebreus 4:16). Isso pode simplesmente significar ir à igreja vestido com uma espalhafatosa camisa havaiana e sandálias. Talvez. Mas então é interessante observar que as queixas de McCullough são ecoadas pela escritora *ateísta* Bárbara Ehrenreich. Em seu recente livro, *Bait and Switch*, uma exploração vigorosa do desemprego na América, Ehrenreich visita uma feira de empregos na Mt. Paran Church of God. Lá é informada pelo porta-voz (François) que o fundamental para conseguir um emprego é a conexão. Embora Ehrenreich tenha ouvido este conselho muitas vezes antes, François então aconselha sua audiência a começar o processo se conectando... com *Deus*! Embora seja uma ateísta, Ehrenreich acha esta sugestão *religiosamente ofensiva*, até mesmo ridícula:

> Sinto muito, mas isto é demais para mim. Suportei o Norcross Fellowship Lunch como uma ateísta, mas agora, na Mt. Paran Church of God, descubro que sou uma crente, e acredito no seguinte: se o Senhor existe, se há algum ser consciente cujo pensamento é o universo – algum grande fiandeiro de galáxias, lançador de meteoros, criador e extintor de espécies – se algum ser desse tipo deve se manifestar, você não vai se "conectar" com ele

como se acendesse um cigarro num arbusto em chamas. François é culpado de blasfêmia.*

De onde vem a ideia de que podemos nos comunicar com Deus a não ser da concepção castrada do bom e velho Deus de Lacan? Será possível que ocasionalmente os cristãos tenham se tornado tão à vontade com Deus que, como acusa Ehrenreich, tenham penetrado nas águas perigosas da blasfêmia?

Estas são perguntas difíceis e nós certamente não podemos respondê-las aqui. Quanto a *A cabana*, pode ser que a adequação da descrição que o livro faz de Deus dependa de quem lê o livro e de que concepção anterior da divindade ele leva ao livro. Alguns leitores podem se ver em uma posição semelhante à de Mack. Talvez tenham experimentado um trauma ou abuso grave em suas vidas e, como resultado, tenham passado a encarar Deus como cruel, distante e frio. Para essas pessoas, a descrição de Deus em *A cabana* pode na verdade ser uma correção libertadora que repara a distância excessiva com o calor humano, o amor e a alegria do Deus triuno. Mas muitos outros nunca se angustiaram com seus pecados ou absorveram a noção do temor a Deus (Êxodo 20:20). Sua concepção de Deus é perigosamente superfamiliar; talvez ele seja apenas o santo padroeiro do seu confortável estilo de vida de classe média. Para estas pessoas, a descrição de uma imagem alegre de Deus pode finalmente servir para reforçar perigosas ideias preconcebidas.

---

* Bárbara Ehrenreich, *Bait and Switch: The (Futile) Pursuit of the American Dream*. New York: Henry Holt and Company, 2005, p. 139.

Rejeitando a hierarquia em Deus... e além

O termo "confortador de Jó" chegou até nós como uma referência a alguém que oferece um conforto frio em meio ao sofrimento. Em vez de um ombro amigo onde chorar, um confortador de Jó oferece uma análise fria do seu sofrimento. Aqui encontramos uma ironia, pois, quando Deus chega à cena, ele supera todos os "amigos" de Jó, oferecendo-lhe não um abraço paternal, mas uma explosão feroz de soberania divina, começando com essas penetrantes palavras: "Onde estavas tu, quando eu fundava a terra? Faze-mo saber, se tens inteligência" (Jó 38:4).

Este quadro do juiz feroz praticamente resume a maneira pela qual muitas pessoas têm encarado Deus. É um quadro da figura de autoridade divina inatingível que vem para julgar. E este encontra pouco apoio em *A cabana*. Na verdade, em vez de encorajar as concepções de Deus como autoritário diante de seres humanos servis, *A cabana* encoraja um quadro de Deus se submetendo a nós! Imagens de Deus rindo, brincando e até mesmo "errando" na cozinha servem para desconstruir as imagens sublimes da divindade que os cristãos absorveram desde seus primeiros dias diante do venerável flanelógrafo da escola dominical.

Seria de esperar que o deslocamento da nossa visão da divindade zangada e autoritária de Jó para a figura brincalhona de *A cabana* mudaria a maneira como encaramos o nosso relacionamento com Deus. E, embora o livro claramente pretenda isso, sua intenção é ainda mais ambiciosa, pois nos desafia a repensar (e rejeitar) as estruturas autoritárias, onde quer que se encontrem. A suposição aqui é que se Deus chega a nós não como um juiz autoritário, mas como um servo humilde, devemos adotar a atitude de submissão do servo um em relação ao outro. Mas até que ponto? Aparentemente, *A cabana* não estabelece limites para esta nivelação do poder e a encara como se estendendo desde as relações conjugais e familiares, passando pela Igreja e chegando a toda organização política e social da sociedade. Mas, finalmente, ela retorna a Deus, pois o espírito de submissão que Deus expressa com relação à Criação é revelado como sendo parte da vida do próprio Deus. Ao contrário da suposição profundamente arraigada de que Deus Pai está no comando da Trindade, *A cabana* vislumbra a vida divina como uma comunidade de submissão mútua. Como o desafio do livro a todas as concepções de autoridade e submissão começa aqui, é também por onde vamos começar.

Em *A cabana*, as três pessoas divinas são descritas como interagindo livremente uma com a outra, como velhos amigos íntimos. O quadro destina-se claramente a subverter qualquer noção de que o Filho e o Espírito Santo se submetem ao Pai. Esta imagem de perfeita igualdade e submissão mútua pega Mack completamente desprevenido. Como tantos cristãos, ele sempre assumiu a prioridade do Pai: "Sei que vocês são um só e coisa e tal, e que são três. Mas vocês se tratam de uma forma tão amável! Um não manda mais do que os outros dois?" (110). A pergunta provoca pasmo. Na verdade, Papai, Jesus e Sarayu se entreolham como se (embora oniscientes) não conseguissem sequer conceber a noção de uma hierarquia. Mas certamente isto não pode estar certo! Jesus e Sarayu *devem* ser subordinados a Papai. Então, Mack insiste:

> "Estou falando de quem está no comando. Vocês não têm uma cadeia de comando?"

"Cadeia de comando? Isso parece medonho!", disse Jesus.

"No mínimo opressivo", acrescentou Papai, enquanto os outros dois começavam a rir. Então, virando-se para Mack, cantou: "Mesmo sendo correntes de ouro, ainda são correntes". (111)

Papai e Jesus não podiam ser mais claros. Em Deus, simplesmente não há espaço para submissão à autoridade. As palavras de Papai são particularmente impressionantes: mesmo sendo correntes de ouro, ainda são correntes, e assim é uma cadeia de comando!

Pode-se apreciar a perplexidade de Mack. Se uma pessoa sempre supôs que em qualquer arranjo social deve haver um indivíduo no comando, a rejeição de uma cadeia de autoridade pode ser muito desconcertante, parecido com entrar num carro sem motorista! Então, surge a questão: se não há autoridade de cima para baixo, então como é estruturada a vida divina? Papai explica: "Mackenzie, não existe conceito de autoridade superior entre nós, apenas de unidade. Estamos num *círculo* de relacionamento e não numa cadeia de comando ... A hierarquia não faria sentido entre nós" (111). Na Trindade, toda a noção de autoridade e submissão não faz sentido, pois cada pessoa é submetida às outras. Como Jesus explica: "Esta é a beleza que você vê no meu relacionamento com Abba e Sarayu. Nós somos de fato submetidos uns aos outros, sempre fomos e sempre seremos. Papai é tão submetida a mim quanto eu a ela, ou Sarayu a mim, ou Papai a ela. Submissão não tem a ver com autoridade e não é obediência. Tem a ver com relacionamentos de amor e respeito" (133).

Vista desta perspectiva, a analogia de um carro sem motorista descendo a rua desgovernado é simplesmente equivocada. Uma analogia mais apropriada é feita sobre a noção de que a autoridade é despropositada na comunidade perfeita. Assim, Deus não tem mais necessidade de uma hierarquia de autoridade do que a Nova Jerusalém vai requerer um serviço policial para fazer cumprir a regra da lei! A polícia não é necessária em uma sociedade perfeitamente redimida. E certamente não é necessário um capitão para o bom navio Trindade! A única ocasião em que se pode precisar apelar para uma pessoa no comando é se houver um potencial para o conflito, e isto certamente não se aplica a Deus.

Com que se parece exatamente esta noção de submissão divina mútua? Talvez a ilustração isolada mais viva ocorra quando Mack testemunha um momento de camaradagem devota compartilhada por Jesus e Papai. No fim do seu primeiro dia com a Trindade, Mack observa Jesus tomar as mãos de Papai e, amorosamente, compartilhar sua apreciação pela submissão d'Ela: "Adorei ver como hoje você se tornou completamente disponível para assumir a dor de Mack e deixar que ele escolhesse seu próprio ritmo. Você o honrou e me honrou" (98). Lendo esta passagem tem-se a sensação de que nós, junto com Mack, podemos ter apenas um vislumbre da profunda glória que Jesus compartilhou com o Pai antes do início do mundo (João 17:5). Será que esta troca de submissão mútua entre Papai e Jesus capta a essência da glória de Deus?

Se aceitarmos que o Pai, o Filho e o Espírito Santo são mutuamente submetidos um ao outro, vamos perceber que isto afeta várias outras concepções teológicas. Mais de imediato vai afetar nosso entendimento de como nos relacionamos com Deus. A noção comum das relações divinas e humanas é de Deus golpeando do alto enquanto os seres humanos se humilham. Será que o relacionamento entre o divino e o humano também poderia ser caracterizado pela submissão mútua, de modo a sermos convocados a nos submetermos a Deus apenas porque ele já está submetido a nós (133)? Esta é a conclusão a que Mack chega na cabana: "'Deus, o servidor', ele riu, mas depois sentiu algo crescendo por dentro de novo, enquanto o pensamento o fazia parar. 'É mais verdadeiramente Deus, meu servidor'" (220). Deus, meu servidor?! Esta é certamente uma frase chocante! Como reconciliá-la com a ideia de que somos servos de Deus e ele é o mestre? Pense, por exemplo, na parábola arrepiante de Jesus que apresenta Deus como o mestre que legou ouro a seus servos para o utilizarem para o Seu ganho. Quando ele retorna, vai julgar a fidelidade dos servos e o servo inútil é lançado às trevas, e ali haverá choro e ranger de dentes (Mateus 25:29-30). Isto não soa como se Deus fosse *nosso* servidor!

Presumivelmente, o paradigma para o relacionamento servidor de Deus conosco é encontrado em Cristo: embora Deus na própria natureza, ele não considerou a igualdade com Deus como algo a se apegar; em vez disso, se esvaziou de sua posição e se *submeteu* ao mundo na forma de um servidor. Considere as palavras profundas do teólogo Melito, do século II, que observou, "amarrastes Suas boas mãos, que o fizeram da terra."* As mãos que criaram todas as coisas realmente se submeteram a ser amarradas por rebeldes humanos? Por mais incrível que seja esta submissão, precisamos também enfatizar que Cristo não foi encarnado *apesar* da sua divindade, como se tivesse desistido da sua divindade para se tornar humano, ou talvez, para início de conversa, não

* Melito of Sardis, "A Homily on the Passover", in trans. and ed. Richard A. Norris, *The Christological Controversy*. Philadelphia: Fortress Press, 1980, p. 43.

fosse totalmente divino. Em vez disso, as ações de Jesus são realmente uma revelação do coração servidor de Deus. E se Jesus se submeteu a nós, o Pai também se submeteu a nós abrindo mão do Seu Filho enquanto trabalhavam juntos em um movimento redentor unificado.

A ideia de que o Pai, o Filho e o Espírito Santo se submetem um ao outro e ao mundo tem todos os tipos de implicações radicais também para as relações humanas. Para começar, somos chamados a incorporar a submissão mútua radical no cerne do discipulado cristão. Afinal, somos convocados para assumir nossas cruzes, o que certamente implica a renúncia voluntária a todas as prerrogativas do poder (Lucas 9:23; Efésios 5:2; Filipenses 2:5). Lamentavelmente, a tentação de buscar refúgio na autoridade é grande, pois *ainda* gostamos de saber que alguém está no comando (especialmente se formos essa pessoa!). Quem vai abrir a sessão? A quem posso recorrer se tiver uma queixa? Quem é responsável por esta confusão? Onde está o condutor, o supervisor ou principal pastor? Mas esta tendência de desenvolver hierarquias de autoridade e submissão inevitavelmente tende a marginalizar o apelo radical à submissão mútua. Considere o exemplo do casamento. Paulo ordena a marido e mulher que se submetam um ao outro (Efésios 5:21). Mas, em vez de este versículo conter uma condição que todos devem seguir, com frequência temos nos concentrado no versículo seguinte como sendo o determinativo: as mulheres devem se submeter aos seus maridos (Efésios 5:22)! Quando insistimos em ter alguém finalmente no comando, continuamos a perpetuar hierarquias que marginalizam o apelo à submissão mútua.

É interessante notar que, assim como gostamos de saber que pessoas detêm a autoridade, com frequência procuramos ver que princípios devem ser priorizados na nossa caminhada cristã. Isto pode começar de uma maneira bastante inocente, mas, se não tomarmos cuidado vai rapidamente se transformar em um legalismo rígido, em que seguir Cristo é reduzido a uma lista de o que fazer e o que não fazer (192). Por mais tentador que possa ser esse legalismo, precisamos reconhecer que a vida cristã não significa seguir regras. Ao contrário, deve estar sempre centralizada em um relacionamento com Jesus (184).

As implicações da tese anti-hierárquica de *A cabana* são ainda mais radicais quando são estendidas à Igreja institucional, hierárquica. As raízes da Igreja institucional são na verdade profundas: já podem ser vistas estruturas autoritárias emergindo algumas décadas depois da morte do apóstolo João, quando Inácio de Antioquia deu a famosa instrução às Igrejas para "seguir o bispo como Jesus Cristo seguiu o Pai".* Partindo deste início humilde, a Igreja continuou a desenvolver complexas instituições de autoridade e submissão, estruturas que com frequência culminaram tragicamente em abusos de autoridade coercivos e opressivos que frustram a intenção libertadora de Deus para a Igreja. Um dos mais chocantes é certamente o desenfreado escândalo de abuso sexual entre o clero católico: desde 1950, a Igreja Católica já pagou mais de dois bilhões de dólares em indenizações de denúncias de abuso sexual.** Pode-se

---

* Ignatius, "Epistle to the Smyrnaeans", in Henry Bettenson and Chris Maunder, *Documents of the Christian Church*, 3rd ed. Oxford: Oxford University Press, 1999, p. 69.

** Meredith Buel, "Pope Expresses Deep Shame Over Clergy Sex Abuse Scandal", *Voice of América News* [online], disponível em http:www.voanews.com/english/archive/2008-04/2008-04-15-voa18.cfm? CFID=57282066&CFTOKEN=15404393.

certamente argumentar que a maioria destes abusos foi possibilitada devido a uma cultura religiosa em que se esperava que a laicidade inferior prestasse uma extrema reverência às autoridades religiosas. E isto está fundamentalmente enraizado em uma poderosa estrutura de autoridade e submissão. Tragicamente, esta estrutura tem repetidas vezes proporcionado aos padres abusivos um total domínio sobre os membros mais vulneráveis da Igreja.

Entretanto, seria certamente um erro culpar um tipo de governança da Igreja, como se o problema fosse apenas episcopal (a regra dos bispos). Na verdade, o pastor ditatorial ou o presidente do conselho de uma pequena Igreja Batista também pode perpetrar abusos igualmente graves. E isto nos leva de volta à natureza radical da tese de *A cabana*: todas essas estruturas de autoridade e submissão devem ser reconsideradas. Mack também está profundamente insatisfeito com os abusos em seu próprio ambiente cristão. Mas, como explica Jesus, a aversão de Mack à Igreja não é à Igreja como Deus pretendeu que ela fosse. Em vez disso, ele está reagindo compreensivelmente ao gradual acréscimo de hierarquias abusivas de autoridade e submissão. Assim, Jesus procura aplacar a aversão de Mack à Igreja assegurando-lhe: "Você só está vendo a instituição, que é um sistema feito pelo ser humano. Não foi isso que eu vim construir. O que vejo são as pessoas e suas vidas, uma comunidade que vive e respira, feita de todos que me amam, e não de prédios, regras e programas" (164).

A mensagem é clara: para reconhecermos a verdadeira natureza da Igreja, não devemos olhar as estruturas externas, burocráticas, mas as pessoas. Nosso problema é que a Igreja, que consiste de pessoas em relação com Deus e uma com a outra, tem sido frequentemente obscurecida por todas as suas instituições visíveis e demasiado falíveis. Por isso, o que é preciso para libertar a Igreja é reconhecer que sua vida não está fundamentada nas instituições, mas no amor e na submissão mútuos exibidos por Papai, Jesus e Sarayu.

Precisamos apreciar como é radical esta concepção não institucional da Igreja. De acordo com Jesus, a Igreja consiste em "relacionamentos e em simplesmente compartilhar a vida" (165). O incrível é o que esta definição minimalista exclui da Igreja: não diz nada sobre a natureza ou a administração de sacramentos, a ordenação do clero, a organização ou missão da Igreja, a encomenda de obras de arte e arquitetura, a formulação e refinamento dos credos e dos catecismos, o exercício da disciplina da Igreja, o lugar da ação social e política, e muito mais. Na verdade, a definição minimalista de Jesus implica que Deus encara com desconfiança todas essas questões de formação institucional, preferindo, em vez disso, que concentremos toda a nossa energia no cultivo dos relacionamentos individuais. Na verdade, poderia parecer que a comunidade cristã ideal se parece muito com as milhares de igrejas domésticas que atualmente pontilham os subúrbios da América do Norte: talvez uma dúzia de crentes compartilhando o Verbo e o canto na sala humilde de alguém. Tudo isto sugere que Jesus pode ter algumas coisas a dizer ao papa. Se as palavras de Jesus a Mack são algum guia, ele provavelmente instruiria o pontífice a vender todas as propriedades da Igreja, prescindiria dos bispos e da burocracia, doaria sua tiara e vestes papais à caridade local e se uniria a uma igreja doméstica!

Este repúdio a quaisquer princípios de organização ou hierarquias de poder também se estende à organização de toda a sociedade: "'Não gosto muito de religiões', disse Jesus um pouco sarcasticamente, 'e também não gosto de política nem de economia'. A expressão de Jesus ficou notavelmente sombria. 'E por que deveria gostar? É a trindade de terrores criada pelo ser humano que assola a Terra'" (166). Com estas palavras fortes, a rejeição das hierarquias institucionais é estendida a toda dimensão da sociedade. Assim, em *A cabana*, Jesus critica todas as hierarquias, incluindo aquelas que estruturam as instituições humanas, desde o Estado até o casamento, como requerendo leis e cumprimento de leis que conduzem à opressão e inibem o desenvolvimento do verdadeiro relacionamento (111-112).

Repensando
a hierarquia no mundo

A cabana certamente deve receber o crédito por apresentar uma tese ambiciosa e abrangente. Mas até que ponto devemos (ou podemos) rejeitar todas as hierarquias? Em vez de abordar cada uma das áreas levantadas no livro, vou me concentrar na priorização das regras dentro da vida cristã, na organização da Igreja e na organização da sociedade.

A pergunta "Como alguém se torna igual a Cristo?" é uma versão cristã de uma pergunta mais geral: "Como alguém se torna uma boa pessoa?". Esta pergunta tem há séculos preocupado os pensadores. Muitos daqueles que têm pensado sobre a formação ética descobriram ser tentador recorrer às regras, como se alguém pudesse ser ético simplesmente seguindo as regras certas. Mas uma abordagem da ética ou da santificação meramente baseada em regras é reducionista e legalista. Entretanto, será que por isso podemos concluir que as regras e a priorização das regras não têm lugar na vida do discipulado? Afinal, quando Jesus foi indagado sobre as prioridades, ele identificou *duas* prioridades: "Amarás o Senhor, teu Deus, de todo o teu coração, de toda a tua alma e de todo o teu entendimento" (Mateus 22:37) e "'Amarás o teu próximo como a ti mesmo.' Toda a Lei e os Profetas baseiam-se nestes dois mandamentos" (Mateus 22:39-40). Por isso, parece que não podemos simplesmente falar na jornada para a santidade como um relacionamento com Jesus, pois essa jornada é dirigida por estes dois princípios.

E quanto à visão de *A cabana* sobre a Igreja organizada? Aqui, acho que precisamos ser especialmente cuidadosos, pois, afinal, a concepção do livro sobre a Igreja não é tão revolucionária; na verdade, parece incrivelmente com um típico "Protestantismo da Baixa Igreja". Como disse George Marsden: "Uma das características notáveis de grande parte do evangelicalismo é o seu descaso pela Igreja institucional".* Como outras rejeições da Igreja institucional, encontramos aqui tanto críticas violentas quanto soluções explicitamente simplistas. É certamente correto dizer que a Igreja é uma pessoa em um relacionamento especial com Deus, com o próximo e com o mundo. Mas isso não requer que marginalizemos a expressão institucional da Igreja. Não é possível que o mesmo Deus que fala através de experiências carismáticas espontâneas e encontros comunais íntimos na sala de estar da casa de alguém possa também atuar através da beleza do Livro de Oração Comum da Igreja Anglicana, da liturgia mística da Igreja Ortodoxa Oriental e até mesmo do austero Colégio dos Cardeais da Igreja Católica Romana (juntamente com o papa!)? Pode ser que uma rejeição categórica da hierarquia institucional represente uma reação exagerada ao abuso de poder em favor de uma suposição ingênua de que "tudo o que você necessita é amor"?

---

* Citado em Stanley J. Grenz, *Renewing the Center: Evangelical Theology in a Post-Theological Era*. Grand Rapids, MI: Baker Academic, 2000, p. 288.

Nossas indagações continuam quando passamos a considerar a hierarquia no Estado secular. Afinal, Paulo parece afirmar que o Estado é um poder comandado por Deus: "Que todo homem esteja sujeito às autoridades superiores; porque não há autoridade que não proceda de Deus; e as autoridades que existem foram por Ele instituídas" (Romanos 13:1). E certamente não é segredo que Paulo fez bom uso da autoridade e do *status* que derivou de sua cidadania romana (ver Atos 16:37; 22:25,28). Na verdade, a condenação total das hierarquias de autoridade e submissão em *A cabana* não deixa claro se é permitido aos cristãos servir na polícia ou nas forças militares, ou nos ramos judiciário, legislativo ou executivo do governo. (Se toda essa participação for negada, então *A cabana* enfrenta as mesmas fragilidades contraculturais do clássico anabatismo.) Mais radicalmente, ela deixa o leitor pensando se deve haver uma governança secular ou se o livro na verdade defende a anarquia (literalmente: ausência de regras)!

Qualquer tentativa de ir além das estruturas de autoridade e submissão enfrenta um enorme problema: não vivemos em um mundo perfeito. As crianças ainda precisam ser corrigidas pelos pais, a polícia precisa conter a desobediência civil, e exércitos inteiros podem ser ainda necessários para restaurar a regra da lei. Em termos práticos, como *A cabana* propõe que vivamos neste mundo? É importante notar que o livro deixa aberta a possibilidade de participarmos destas estruturas falidas. Como diz Papai: "Nós trabalhamos dentro dos seus sistemas, ao mesmo tempo em que procuramos libertá-los deles" (113). Desse modo, pode ser que Papai defenda que os cristãos continuem a participar das estruturas de autoridade e submissão que dominam o cenário político, econômico e social. Entretanto, se essa participação é permitida, não o é sem obrigação; ao contrário, os cristãos devem participar das estruturas de poder falidas com a intenção e o objetivo de redimi-las a ponto de a hierarquia de poder não mais existir. Para dizer o mínimo, se esta concepção fosse seguida consistentemente, transformaria o cristianismo em um agente radical de mudança social e política.

O Filho será Submetido a Ele

Embora Papai, Jesus e Sarayu falem todos de forma não ambígua contra qualquer forma de autoridade e submissão nos relacionamentos saudáveis, deve ser dito que o testemunho real da Sagrada Escritura é muito mais ambíguo. Na verdade, seria possível derivar uma base na Sagrada Escritura para a hierarquia dentro da Trindade se iniciando com Filipenses 2. Aqui precisamos manter em mente a importância para os teólogos do que eu chamo de princípio de que "Deus é como Deus se revela". Segundo este princípio, a teologia se baseia na suposição de que a maneira pela qual Deus Se revela ao mundo é um reflexo fiel de como Deus realmente é. Por exemplo, se Deus Se revela como sendo uma comunidade amorosa de três pessoas distintas, então Ele realmente é uma comunidade amorosa de três pessoas distintas. Não especulamos que Deus realmente possa ser quatro ou cinco pessoas, ou uma pessoa desempenhando três papéis. Este princípio é fundamental, porque, se não o aceitássemos, perderíamos qualquer capacidade de saber qualquer coisa de Deus em Si.

Vamos manter em mente o princípio de que Deus é como Deus Se revela quando recorremos a Filipenses 2. Aqui nos defrontamos com uma questão importante: por que foi o Filho que se tornou nada, e o Pai que depois exaltou o Filho? Segundo o nosso princípio, é razoável inferir que este padrão da ação de Deus na história não é arbitrário, mas reflete algo sobre as relações eternas na Trindade. Do mesmo modo que a revelação de Deus como três pessoas nos leva a concluir que Deus realmente é três pessoas, também a revelação da relação entre Pai e Filho como uma relação de autoridade e submissão nos leva à conclusão de que a relação entre Pai e Filho é uma relação de autoridade e submissão.

Na verdade, se recuarmos para considerar toda a extensão do Novo Testamento, descobriremos que este padrão está mais amplamente representado. O Pai envia ao mundo tanto Cristo (João 5:26; 6:57; 1 João 4:14) quanto o Espírito Santo (João 14:26; Gálatas 4:6). O Filho, por sua vez, reflete a submissão à vontade do pai durante toda a sua vida (Mateus 26:39; Gálatas 1:4). Ele diz a seus discípulos que fala através da autoridade do Pai (João 14:10) e faz exatamente o que o Pai ordena: "Porque eu não falei por mim mesmo; mas o Pai, que me enviou, esse me deu mandamento quanto ao que dizer e como falar"(João 12:49; 14:31). E por isso, embora Jesus certamente não quisesse enfrentar o sofrimento da cruz, não obstante se submeteu à vontade de seu Pai: "Meu Pai, se é possível, afasta de mim este cálice de sofrimento! Porém, que não seja feito o que eu quero, mas o que tu queres" (Mateus 26:39).

Prosseguindo, poderíamos concluir que *existe* algo como uma cadeia de comando em Deus. Se o Filho parece ser submisso ao Pai, o Espírito Santo, por sua vez, parece se submeter ao Filho. Considere que o Espírito Santo é enviado pelo Filho aos discípulos, e só fala o que escuta (João 16:13) com o objetivo de glorificar o Filho (João 16:14). Além disso, embora encontremos tanto o Pai quanto o Filho sendo adorados na Sagrada Escritura (Apocalipse 5:11-13), não encontramos locais equivalentes em que a adoração seja dirigida ao Espírito Santo. Não devemos concluir daí que o Espírito Santo não seja divino ou digno de adoração. Ao contrário, isso nos leva de volta ao papel específico do Espírito Santo, cuja intenção é a exaltação do Filho. E, finalmente, a obra de Jesus e do Espírito Santo é direcionada de volta ao Pai (Romanos 15:6; Efésios 3:20-21). Embora haja poucos locais em que Jesus se refira ao Pai glorificando-O (João 8:54; 17:5) de uma maneira que pareça reverter a ordem, mesmo isto ocorre para que Cristo possa glorificar o Pai (João 17:1). Assim, pode-se legitimamente concluir que Deus consiste de uma hierarquia que segue ascendentemente do Espírito Santo para o Filho e finalmente para o Pai.

Quando se considera este conjunto de textos à luz do princípio de que "Deus é como Deus Se revela", temos bases muito sólidas para concluir que há uma hierarquia de autoridade e submissão dentro da Trindade. Entretanto, as coisas não são assim tão simples, pois, se não tomarmos cuidado, o princípio pode terminar demonstrando demais. Afinal, quando Jesus foi chamado de "bom professor", ele replicou: "Ninguém é bom, senão um, que é Deus" (Lucas 18:19). Além disso, Jesus expressou que "o Pai é maior que eu" (João 14:28) e declarou, com respeito ao seu retorno, que somente o Pai sabe o dia ou a hora (Mateus 24:36). O perigo então é que a interpretação destes textos de "Deus é como Deus Se revela" possa nos obrigar a dizer que o Filho é menos que o Pai!

Como os cristãos ortodoxos não estão propensos a aceitar essa conclusão, eles tipicamente têm lidado com estes difíceis textos de inferioridade limitando sua aplicação à condição humilde de Cristo na encarnação, em que ele se esvaziou de sua condição divina (Filipenses 2:7). Ou seja, Jesus não é menos que o Pai, *exceto* nas limitações da encarnação. E, embora seja onisciente na sua divindade, como humano, ele desconhecia o dia ou hora do seu retorno. Mas se podemos marginalizar tão facilmente estes textos de inferioridade, por que não estender o mesmo tratamento aos textos de submissão de Cristo e do Espírito Santo? Assim, poderíamos dizer que o Filho e o Espírito Santo assumiram uma submissão ao Pai somente no mundo, embora possa muito bem ter sido o Pai que adotou o papel submisso. *A cabana* parece dizer algo mais radical ainda. Embora seja verdade que o Filho e o Espírito Santo se submeteram ao Pai, assim fazendo, eles não estavam apenas descendo da glória da divindade durante algum tempo, mas sim expressando a própria natureza de Deus. A verdadeira liderança é encontrada naquele que se submete: "Pois qual é maior, quem está à mesa, ou quem serve?" (Lucas 22:27). Desse modo, vindo ao mundo para servir à humanidade, o Filho e o Espírito Santo estavam expressando tanto quanto o Pai a glória de Deus.

Neste ponto parecemos estar em um impasse. Parece que, dependendo das nossas suposições, podemos ler o Novo Testamento para defender tanto a autoridade do Pai quanto a submissão mútua dos três. Mas talvez haja outra maneira de estabelecer se existe hierarquia em Deus: identificar textos que descrevam que as relações de autoridade e submissão continuam após o término dos papéis redentores que Cristo e o Espírito Santo assumem na Criação.

Para começar, podemos notar a importância de Romanos 11:36, em que Paulo diz que de Deus Pai, por ele e para ele, são todas as coisas. Este versículo parece ir além da ação de Deus na história para afirmar a prioridade do Pai na eternidade. Assim, a consumação da reconciliação é sempre descrita como ocorrendo através de Cristo de volta a Deus Pai (Colossenses 1:20). Em consonância com a nossa observação de que a exaltação que Deus faz do Filho leva a glória de volta a Ele, Paulo declara: "e toda língua confesse que Jesus Cristo é Senhor, para glória de Deus Pai" (Filipenses 2:11). Consideradas em conjunto, essas passagens parecem apontar para a autoridade e prioridade do Pai na eternidade. Mas a passagem mais importante é encontrada em 1 Coríntios 15:24-28:

> Depois virá o fim, quando tiver entregado o reino a Deus, ao Pai, e quando houver aniquilado todo o império, e toda a potestade e força. Porque convém que reine até que haja posto a todos os inimigos debaixo de seus pés. Ora, o último inimigo que há de ser aniquilado é a morte. Porque todas as coisas sujeitou debaixo de seus pés. Mas, quando diz que todas as coisas lhe estão sujeitas, claro está que se excetua aquele que lhe sujeitou todas as coisas. E, quando todas as coisas lhe estiverem sujeitas, então também o mesmo Filho se sujeitará àquele que todas as coisas lhe sujeitou, para que Deus seja tudo em todos.

Nesta passagem, Paulo vai além da ação de Cristo na história redentora até o pano de fundo da eternidade. Assim, quando a reconciliação é concluída, Cristo vai entregar o reino de volta ao Pai. Esta passagem certamente parece implicar (se não explicitamente ensinar) a continuada submissão do Filho à perfeita autoridade do Pai.

As questões de autoridade e submissão em Deus e no mundo são extensas e não podem ser estabelecidas aqui. Mas, tendo entrado no meio da discussão, pode-se ter a sensação de que pode haver mais campo comum do que é comumente reconhecido. Se a Trindade é uma comunidade perfeita de três pessoas, qual o sentido dos apelos à autoridade do Pai sobre o Filho e o Espírito Santo? E, na medida em que tentamos justificar nossos apelos à autoridade e ao poder apontando para a autoridade do Pai sobre o Filho, nós desviamos a discussão, porque o Pai jamais imporia a autoridade, como com frequência estamos acostumados a fazer.

Podemos inevitavelmente nos deparar participando de estruturas de poder neste mundo, mas e se aqueles que se encontram em posições de liderança assumissem o verdadeiro papel de um líder servidor? Não aquele velho clichê da literatura de liderança nos negócios, um líder que renuncia ao seu lugar no estacionamento e a seus privilégios para motivar a produtividade e gerar motivação profissional. Na verdade, o que dizer daquela verdadeira liderança do servidor expressada no serviço de Cristo a nós? E se os presidentes, pastores, maridos e pais expressassem qualquer autoridade que pudessem ter, concedidos por Deus, mantendo os pés daqueles que estão sob sua autoridade imaculadamente limpos (João 13:14-16)?

Desconfio que isso poderá acontecer quando conseguirmos superar totalmente o debate da autoridade e da submissão.

Indo mais fundo

1. Como você reage à descrição de Deus em *A cabana* como alegre e risonho?
2. Você acredita que as hierarquias de poder no casamento, na Igreja e/ou na sociedade precisam ser rejeitadas ou que devam ser reformadas? Se escolher a última opção, como seriam as hierarquias realmente transformadas?
3. Você acredita na existência de autoridade e submissão dentro da Trindade? Se acredita, como responderia ao argumento de que, se Cristo é eternamente subordinado, então ele é inferior?
4. Você concorda que a essência da Igreja está no relacionamento pessoal? Que implicações tem essa visão para as estruturas institucionais tradicionais, ofícios, práticas e missões da Igreja?
5. Jesus sem dúvida assumiu o papel de um servidor. Mas ele é nosso servidor agora?

CAPÍTULO 4

O MAIOR PROBLEMA DO UNIVERSO

É O SEU MOMENTO DA verdade. Mack está na caverna sendo interrogado pela misteriosa figura feminina que posteriormente ele vai saber que é Sophia. A esta altura, ele ainda não havia divulgado o fato de que ainda culpa Deus pela perda de Missy. (Aparentemente, Mack ainda não havia percebido a inutilidade de tentar esconder seus verdadeiros sentimentos de Deus, que sabe tudo.) Determinada a fazer Mack admitir sua raiva contra Deus, Sophia lhe pergunta explicitamente: "Não é esta sua reclamação, Mackenzie? O fato de Deus ter fracassado com você, ter fracassado com Missy? O fato de, antes da Criação, Deus saber que um dia sua Missy seria brutalizada, e mesmo assim a ter criado? E depois *permitir* que aquela alma deturpada a arrancasse de seus braços amorosos quando tinha poder para impedir? Deus não deve ser responsabilizado, Mackenzie?" (148). Sophia não vai parar até obter uma resposta honesta. Quando ela insiste, as defesas de Mack começam a baixar até que toda a sua raiva contida finalmente vem à tona e ele responde com fúria: *Sim! A culpa é de Deus!* Ele deve ser responsabilizado pelos refugiados abatidos em meio a uma guerra sangrenta! Ele deve ser responsabilizado pelo jovem que morre de câncer! E Ele com toda certeza deve ser responsabilizado pela morte de uma criancinha inocente nas mãos de um maníaco sádico! O que poderia ser dito em defesa de um Deus que não só previu, mas também planejou e supervisionou cada um destes horrores?

Como Deus poderia gostar especialmente de Missy?

Logo depois que Mack encontra Papai, Ela começa a mencionar todas as pessoas de quem Ela gosta especialmente. A lista continua a aumentar até que Mack finalmente percebe que o Seu afeto é realmente ilimitado: "Quando penso em cada um dos meus filhos individualmente, descubro que gosto especialmente de cada um" (142; ver também 97). Mas se Deus gosta especialmente de todo mundo, por que o mundo não reflete esse fato? Por que tão frequentemente Deus parece arbitrário e caprichoso? Ah, os exemplos não são difíceis de encontrar.

Considere o caso que é o centro de *A cabana*. Ao mesmo tempo em que Missy desaparece, a jovem Amber Ducette, do acampamento vizinho, também desaparece. Entretanto, Emil, pai de Amber, fica visivelmente aliviado quando retorna logo depois ao acampamento e relata que sua filha foi encontrada sã e salva: "'Nós a encontramos' – exclamou Emil, o rosto se iluminando e depois ficando sombrio ao perceber o que estava dizendo. 'Quero dizer, encontramos Amber'" (45). Mesmo quando o medo de Emil se dissolveu em alívio, o medo de Mack continuou a crescer até culminar na terrível constatação de que Missy havia sido sequestrada por um assassino serial. Mas como isso pôde acontecer? Se Deus gosta especialmente de Missy (83, 154, 173) e de seu pai (83, 218), então como pôde permitir que ela se tornasse a atração principal das fantasias aterrorizantes de um pervertido sociopata?

Se pelo menos o horror de *A cabana* fosse uma anomalia isolada. Mas, tragicamente, esta discrepância de resultados é repetida vezes sem conta em todo o mundo, todos os dias, de uma infinidade de maneiras. Ela é vista quando a casa de um homem é destruída por um tornado enquanto a de seu vizinho permanece incólume, ou quando uma mulher vive até os noventa anos enquanto sua irmã gêmea morreu de cólera quando bebê. Muito frequentemente, a mesma Providência que dá um tapinha afetivo em uma pessoa, golpeia outra com as costas da mão. Este ponto foi memoravelmente levantado pelo ateísta do século XIX, Robert Ingersoll, que apresentou a descrição de um homem da mão providencial de Deus em sua vida: "Alguns anos atrás ele estava prestes a partir em um navio, quando foi detido. Ele não foi, e o navio afundou com todos os que estavam a bordo. 'Sim!', disse eu, 'você acha que as pessoas que se afogaram acreditavam na Providência especial?'".* A repulsa de Ingersoll é compreensível. Muito

* Robert G. Ingersoll, *Lectures and Essays* (*The Three Series in One Volume*). London: Watts & Co., 1926, second series, p. 117.

frequentemente, aqueles que acham que se beneficiam do tapinha afetivo da Providência negligenciam a agonia daqueles que recebem o golpe com as costas da mão.

Então, por que algumas pessoas são submetidas a incríveis agonias durante suas vidas enquanto outras desfrutam de todos os prazeres que este mundo pode oferecer? Certamente, esta discrepância disseminada não pode se dever ao mérito humano (como se nós sempre obtivéssemos apenas aquilo que merecemos), pois muitos canalhas têm desfrutado do afetuoso tapinha nas costas da Providência, enquanto muitos santos têm sofrido o doloroso golpe com as costas da mão (pense em Jó). Mas, então, se as bênçãos e os sofrimentos providenciais não refletem nosso merecimento, Deus é tão arbitrariamente cruel quanto o sociopata mafioso que pode assassinar friamente um sócio no almoço e depois brincar com o filhinho sobre seus joelhos antes do jantar?

Assim declarada, a objeção presume que Deus está por trás de cada evento, planejando cada um deles. Mas por que pensar que Deus exerce este tipo de controle? Talvez seja aí que surja o problema. Em vez de pensar em Deus como um microadministrador que supervisiona cada detalhe, não seria melhor pensar n'Ele como um presidente de empresa que dirige uma das 500 grandes companhias citadas pela revista *Fortune*? O papel do presidente da empresa não é gerir os suprimentos de clipes de papel, mas dirigir o império multinacional. Assim, da mesma maneira, não é melhor pensar em Deus como dirigindo uma vasta Criação e não Se preocupando diretamente com os detalhes?

Não há dúvida de que o Deus da "previdência global", que não pode se incomodar com os detalhes, é uma opção tentadora. Ela parece apropriadamente senhorial e não implica diretamente Deus em momentos específicos de maldade e sofrimento. Infeliz-

mente, isso contradiz a visão bíblica de que a culosa de Deus pela Criação se estende a tod em nossas cabeças (Mateus 10:30) e em todos Deus "realiza tudo conforme o conselho da Su 1:1). Devido a passagens como estas, dificilme a posição teológica predominante tenha semp vidência de Deus como meticulosa (cobrindo apresentação particularmente lúcida e intriga tradicional é encontrada em *Lake Wobegon D* nal de Garrison Keillor da vida em uma cidad altura, Keillor narra um debate entre os garoto presciência e a providência de Deus:

> Próximo à clareira havia uma árvore gigan mávamos de Árvore do Xixi; uma longa co um ramo baixo, a qual, quando você se l te nela, o levava até sua extremidade e lhe morte real. Você podia se deixar ir até o cair nas pedras e morrer, se assim o quises
>
> Jim disse: "Não é tão longe – não vai te ma va se vangloriando diante do chefe do gru se: "Então pule. Eu te desafio". Pronto. Iss tudo bem. Iria quebrar todos os ossos do se aconteceu com Richard. Ele tinha doze ano rigir o trator do pai, caiu, o trator passou e o matou. Ele foi um menino que morreu era menino, e o outro foi Paulie, que se af Os dois agora estavam no céu com Deus, felizes. Foi a vontade de Deus que isso aco

* Garrison Keillor, *Lake Wobegon Days*. New York: Pengu

> Deus criou o mundo e ordenou que tudo fosse certo e perfeito, e então o homem pecou contra a Vontade de Deus, mas Deus ainda sabia *tudo*. Antes de o mundo ser feito, quando só havia escuridão, névoa e águas, Deus já conhecia muito bem Lake Wobegon, minha família, nossa casa, e já tinha decidido qual seria o tamanho dos meus pés (grandes), que bicicleta eu iria ter (uma Schwinn) e as cinco espigas de milho que eu ia comer aquela noite no jantar.*

Esta é a teologia surpreendentemente sofisticada dos garotos! ındo a tradição cristã, na verdade é correto dizer que Deus pre- (e em certo sentido desejou) o tamanho de nossos pés, o tipo de cleta que vamos ter e até mesmo o cardápio para cada refeição ossas vidas (Salmo 139:17), e até que Deus controla todo o mo- ento da história cósmica. Nada é tão magnificente ou minúscu- ara escapar do meticuloso controle providencial de Deus.

Infelizmente, o grau em que os cristãos afirmam o meticulo- ontrole providencial é precisamente o grau em que se é obriga- confrontar o problema do mal. Quando se discute o proble- do mal tem sido com frequência tentador abstrair a discussão uma noção generalizada do "mal", que é mantida a uma dis- ia segura dos casos reais, concretos. (O mal como uma cate- a abstrata carece de apelo emocional.) Mas se Deus conhece alidades como quantas espigas de milho vamos comer no jan- então Ele sabia que Richard seria morto por um trator e que ie iria se afogar no lago. Então, por que Ele permitiu esses ter- is eventos? E por que Ele permitiu aquele assassinato que apa-

* llor, *Lake Wobegon Days*, p. 12.

rece como um buraco negro no centro de *A cabana*? Certamente neste ponto todos vamos concordar com Mack: "Até mesmo nesse mundo de moralidade relativa, causar dano a uma criança é algo ainda considerado absolutamente errado. Ponto final!" (55). Também não estamos simplesmente falando, no presente caso, apenas de causar dano a uma criança, mas de (presumivelmente) estuprá-la e depois matá-la! Então, como reconciliar a bondade de Deus com a terrível tragédia da morte de Missy?

Podemos apresentar o dilema entre o controle e a bondade providencial de Deus e a existência do mal da seguinte maneira:

(1) Sendo todo amor, Deus desejaria evitar todo o mal.

(2) Sendo todo-poderoso, Deus poderia evitar todo o mal.

(3) Missy foi morta por um assassino serial.

Certamente, se Deus é todo amor, ele não teria desejado que Missy fosse morta por um assassino serial. Se amor significa *algo*, significa que Deus pouparia uma doce e inocente criança dos horrores que Missy vivenciou! Como disse Jesus: "Se vós, pois, sendo maus, sabeis dar boas coisas aos vossos filhos, quanto mais vosso Pai, que está nos céus, dará bens aos que lhe pedirem?" (Mateus 7:11). E certamente, se Deus é todo-poderoso, Ele poderia ter evitado que Missy fosse morta por um assassino serial. Afinal, "Haveria alguma coisa difícil ao Senhor?" (Gênesis 18:14; ver também Jeremias 32:27). Então, como podemos conciliar Deus como todo amor e todo-poderoso com a morte de Missy?

A tentativa de explicar como a bondade e o amor de Deus podem ser conciliados com o problema do mal é chamado de teodiceia. Segundo a definição clássica cunhada por John Milton, uma teodiceia procura "justificar os caminhos de Deus até o homem". Ou seja, procura explicar como a existência do mal é compatível com a natureza perfeita de Deus. Vamos começar com duas maneiras diretas em que se pode conciliar a existência de Deus com a morte trágica de Missy: negando que Deus seja todo amor ou negando que Ele seja todo-poderoso.

Repensando o amor de Deus

Nosso primeiro passo na teodiceia será considerar a possibilidade de que Deus não é todo amor. Embora isto possa surpreender muitos cristãos, esta é a posição de uma importante tradição teológica chamada calvinismo (que recebeu seu nome em homenagem ao seu expoente mais influente, João Calvino). Para ser mais específico, os calvinistas acreditam que Deus é perfeito em seu amor, mas opta por não demonstrar este amor a todas as suas criaturas.

Para começar, o calvinista acredita que Deus controla perfeitamente todos os acontecimentos, incluindo escolhas humanas livres. Ou seja, Deus nos dá os desejos que livremente satisfazemos, tanto bons quanto ruins. (Outros cristãos discordam e, em vez disso, acham que, embora Deus possa saber antecipadamente o que vamos fazer, Ele não pode nos obrigar a fazê-lo se somos realmente livres.) Como resultado, os calvinistas acreditam que Deus poderia ter feito o mundo de tal modo que Adão e Eva nunca tivessem pecado. Acontece que Adão e Eva pecaram porque Deus lhes deu o livre-arbítrio para pecar. Do mesmo modo, o Matador de Meninas pecou porque Deus lhe deu o livre-arbítrio para pecar. Todos que pecam, pecam porque Deus formou seu caráter para fazê-lo. Como disse Paulo sucintamente: "Logo, pois, [Deus] compadece-se de quem quer, e endurece a quem quer" (Romanos 9:18). Por isso, a razão de existir o mal no mundo é simples: embora perfeitamente amoroso, Deus quer que haja algum mal!

Esta visão calvinista levanta uma indagação óbvia: por que um Deus perfeitamente amoroso deseja que exista mal no mundo? Para explicar isto, o calvinista nega o que muitos cristãos assumem: que Deus ama igualmente todas as suas criaturas. Em vez disso, a preocupação fundamental de Deus é manifestar Sua glória mais plenamente. Por isso, Deus está preocupado em assegurar que a Criação proporcione a melhor oportunidade para Ele exibir seus atributos magnificentes. Considere esta analogia: se pensarmos nos grandes líderes políticos da história, vamos descobrir que os mais reverenciados são os que conduziram seu povo durante períodos de grande adversidade. Pense em Winston Churchill vociferando desafiadoramente contra o Führer sua famosa frase: "Vamos vencê-los nas praias". Foi a adversidade dos tempos de guerra que permitiu que emergissem as qualidades de liderança estelares de Churchill. Similarmente, a adversidade na Criação proporciona uma oportunidade para Deus exibir suas qualidades políticas.

Em meio à adversidade, Deus consegue manifestar sua misericórdia e seu amor àquelas criaturas a quem Ele decretou que escolhessem o bem. Ao mesmo tempo, manifesta Sua ira e justiça àquelas criaturas a quem decretou que escolhessem o mal (Romanos 9:22-23). Através de todo o bem e todo o mal, a glória de Deus é mais plenamente exibida do que se ele tivesse desejado uma Criação em que todos fizessem a Sua vontade perfeitamente. Uma observação final: o mesmo raciocínio que se aplica à época atual também se aplica à eternidade. Lá também a rebelião deve estar presente para que Deus possa manifestar mais plenamente seus atributos. Assim, os calvinistas acreditam que Deus decreta que algumas pessoas rejeitem a oferta da salvação para que Ele possa condená-los eternamente e assim assegurar que estejam sempre à mostra Sua perfeita ira e justiça.

O calvinismo tem textos bíblicos aos quais se pode recorrer em apoio a isso. Por exemplo, os israelitas finalmente foram à guerra contra Canaã para exibir o poder e a ira de Deus: "Porquanto do Senhor vinha o endurecimento de seus corações, para saírem à guerra contra Israel, para que fossem totalmente destruídos e não achassem piedade alguma; mas para os destruir a todos como o Senhor tinha ordenado a Moisés" (Josué, 11:20). Assim como Deus endureceu os corações dos canaanitas para que Ele pudesse julgá-los por sua maldade, será que Deus pode ter endurecido o coração do assassino de Missy para que Ele pudesse julgá-lo? "Foi o próprio Senhor quem endureceu o coração do Matador de Meninas para que ele matasse Missy." Se foi assim, então podemos explicar a morte de Missy como uma maneira de Deus exibir mais plenamente Sua glória, talvez exercendo Sua ira e justiça na punição temporal (ou eterna) do assassino.

Confesso que sou uma das muitas pessoas que acha o calvinismo não apenas intragável, mas quase incompreensível. Comecemos pela glória de Deus. Não aceito que a única maneira de se ter uma alta apreciação da glória de Deus seja vendo Deus esmagar a rebelião humana. Houve muitos grandes líderes na história que conduziram seu povo em períodos de paz. Deus não poderia também ter exibido plenamente seus atributos através de um governo pacífico? Na verdade, o calvinismo corre o risco do maniqueísmo, a visão de que o bem e o mal são opostos iguais e necessários, para que o bem só possa ser entendido na medida em que o mal existe. Mas meu maior problema é a visão calvinista do amor de Deus. Ao contrário da afirmação calvinista de que Deus só ama algumas criaturas e odeia outras, eu acredito que Deus ama todas as pessoas (1 Timóteo 2:4; 2 Pedro 3:9). *A cabana* também acredita nisso, pois Papai é categórico ao afirmar que gosta especialmente de *todas* as suas criaturas. Na verdade, quando Mack chega à cabana, ele parece defender uma visão calvinista, pois assume que Deus escolhe salvar algumas pessoas e condenar outras. Na verdade, é esta suposição que assombra Mack, fazendo Deus parecer cruel e arbitrário. Mas Sophia está determinada a desafiar esta suposição. Para ilustrar como é equivocado este pensamento, ela o obriga a ser honesto sobre sua própria acusação contra Deus. Para isso, pede-lhe que escolha quais de seus filhos serão condenados a passar a eternidade no inferno. Quando Mack se encolhe horrorizado diante desse pensamento, Sophia calmamente replica: "Só estou lhe pedindo para fazer uma coisa que você acredita que Deus faz" (149). O livro sugere que Deus fica ainda mais horrorizado do que Mack diante da sugestão de que o amor divino pode ser limitado. Por isso, esta primeira tentativa da teodiceia não está aberta a nós.

Repensando o poder de Deus

Mesmo que nos recusemos a aceitar qualquer limitação no amor de Deus pela Criação, ainda assim podemos resolver o problema do mal aceitando um limite para o Seu poder. Em outras palavras, Deus não consegue evitar ou eliminar todo o mal. Esta foi a maneira como o rabino Harold Kushner explicou a bondade de Deus depois que seu filho de três anos de idade, Aaron, foi diagnosticado com progeria, uma doença terrível em que a criança acometida envelhece a uma velocidade acelerada até morrer de velhice, em geral no início da adolescência. (Aaron morreu com 14 anos.) Como disse Kushner com simplicidade: "Deus não quer que você fique doente ou aleijado. Ele não queria que você tivesse este problema, e não quer que você continue a enfrentá-lo, mas Ele não consegue fazê-lo desaparecer. Isso é algo difícil demais, até mesmo para Deus."[*] Segundo Kushner, quando o sofrimento ocorre para nós, não devemos perguntar por que ele aconteceu, porque *não há razão*. O mal às vezes acontece, mas Deus está fazendo o melhor que pode para combatê-lo.

As concepções de Kushner sobre Deus como sendo limitado (até mesmo impotente) nunca atraíram os evangélicos. No entanto, uma visão modificada da limitação recentemente atraiu muito interesse de alguns evangélicos. Segundo esta visão, conhecida como Teísmo Aberto, Deus queria criaturas livres para povoar Seu mundo. E as criaturas só podem ser livres se Deus não souber o que elas vão fazer. Para explicar, considere esta ilustração: se Deus soubesse antecipadamente que eu iria comer um prato de macarrão no almoço de amanhã, então poderia parecer que eu não poderia comer nenhuma outra coisa a não ser aquele prato de macarrão. Se Deus sabe que *vou* comê-lo, então *devo* comê-lo. Mas, como Deus

---

* Harold S. Kushner, *When Bad Things Happen to Good People*. New York: Avon Books, 1981, p. 129. [Ed. bras.: *Quando coisas ruins acontecem a pessoas boas*. São Paulo: Fundo Educativo Brasileiro, 1983.]

quer que eu seja livre em minhas escolhas, incluindo minhas opções de almoço, então não pode saber o que eu vou escolher. Em vista disso, Deus só saberá amanhã o que eu vou escolher comer, assim como o resto de nós. Eu *posso* comer macarrão, *posso* comer um cachorro-quente, e *posso* simplesmente pular uma refeição. Deus terá de esperar e ver.

Os teístas abertos acreditam que estão sendo fiéis às descrições bíblicas de Deus aprendendo, mudando de opinião e falhando na previsão de eventuais resultados. Eles se queixam de que os cristãos se apressaram demais em "rejeitar" estes textos como antropomorfismos. Como nós, Deus enfrenta o futuro como algo desconhecido. Na verdade, Deus pode se encontrar dizendo: "Eu não vi isso acontecendo!" (Gênesis 6:6-7) Mas, mesmo que isso aconteça, não precisamos nos preocupar demais: Deus tem recursos infinitos para enfrentar o que quer que aconteça, para finalmente ver Seus planos realizados.

Mais uma vez, mesmo dotado de recursos infinitos, Deus não pode impedir toda situação ruim que acontece. Mesmo que o sucesso na guerra seja assegurado, podem ocorrer muitas mortes inesperadas na batalha. Isto significa que o teísta aberto assume uma visão da relação de Deus com o mal semelhante àquela de Kushner: o teísta aberto afirma que Deus não consegue impedir todo mal e que há muitos eventos horríveis que simplesmente *não têm explicação*. Ou seja, há muitos eventos que Deus não sabia que aconteceriam, e que não queria que acontecessem, mas, agora que aconteceram, Ele fará o possível para extrair algo de bom deles.

Este pode ser o caso da morte de Missy. Não há razão para que isso tivesse acontecido; Deus não o previu e, quando aconteceu, chocou tanto Deus quanto Mack. Mas Deus vai se esforçar para extrair algo de bom disso.

Assim como *A cabana* fecha as portas ao calvinismo, também bloqueia o caminho para o Teísmo Aberto. A declaração mais incisiva surge quando Papai explica a Mack sua perspectiva particular sobre os repetidos erros cometidos pelos seres humanos falhos:

> "Vamos imaginar, por exemplo, que estou tentando ensinar você a não se esconder dentro de mentiras", ela piscou. "E digamos que eu sei que você vai ter que passar por quarenta e sete situações antes de me ouvir com clareza suficiente para concordar comigo e mudar. Então, quando na primeira vez você não me ouve, não fico frustrada nem desapontada, fico empolgada. Só faltam 46 vezes." (174)

Como o Teísmo Aberto declara que Deus não pode ter conhecimento de sequer uma das futuras ações do homem livre, esta declaração contradiz o Teísmo Aberto quarenta e sete vezes! E eu acho que *A cabana* está certa em fazê-lo, porque a Sagrada Escritura afirma repetidas vezes que Deus conhece antecipadamente todos os eventos, incluindo as ações humanas (ver, por exemplo, Isaías 46:10; Lucas 22:34, 60; Atos 4:28; Pedro 1:1-2). Esta visão tem implicações importantes, pois sugere que *nada acontece por acaso no mundo de Deus*. Como disse João Calvino: "Percebo que os homens têm um costume muito ruim, pois, quando se deveria dizer 'Deus quis assim', diz-se que 'o destino quis assim'".* Não

---

* John Calvin, *Institutes of the Christian Religion*, vol. 1, ed. John T. McNeill, trans. Ford Lewis Battles. London: SCM Press, 1961, p. 208.

podemos explicar a morte de Missy simplesmente como má sorte. Como explica Papai, tudo é parte do plano divino:

> "Mack", disse Papai com uma intensidade que o fez escutar com muita atenção, "queremos compartilhar com você o amor, a alegria, a liberdade e a luz que já conhecemos em nós. Criamos vocês, os humanos, para estarem num relacionamento de igual para igual conosco e para se juntarem ao nosso círculo de amor. Por mais difícil que seja entender isso, *tudo o que aconteceu está ocorrendo exatamente segundo esse propósito, sem violar qualquer escolha ou vontade.*" (114, ênfase nossa)

Por mais perturbador que possa ser admiti-lo, o assassinato de Missy era parte do propósito ou plano de Deus.

Antes de irmos adiante nessa declaração, precisamos também indicar que o Teísmo Aberto não absolve Deus da responsabilidade na morte de Missy. Segundo o FBI, o Matador de Meninas provavelmente passou um ou dois dias espreitando Missy (53). Mesmo que Deus não soubesse exatamente o movimento seguinte do assassino, Ele *certamente* conhecia suas intenções. Afinal, Ele já o tinha visto fazer isso antes! No entanto, Deus nunca interveio para deter o assassino, embora pudesse tê-lo feito inúmeras vezes sem violar o livre-arbítrio de ninguém. Por exemplo, Ele podia ter colocado estrategicamente um galho de árvore no caminho para fazer o assassino cair e quebrar seu tornozelo. Ou talvez, no momento em que o assassino estava se aproximando de Missy na mesa do piquenique, Deus poderia ter feito com que um meteorito caísse rapidamente do céu deixando uma cratera de fumaça onde o assassino estava. (Aliás, esse é o meu resultado preferido, pois está muito próximo do castigo divino à moda antiga!) Talvez depois de Missy ter sido sequestrada, Deus poderia ter colocado um prego na estrada, que teria furado o pneu do Matador de Meninas, impossibilitando sua fuga. Mas, em vez de impedir o crime de uma destas maneiras, Deus permitiu que ele se desenrolasse durante várias horas angustiantes. Podemos realmente dizer que Deus não viu que isto estava acontecendo, ou que permitiu que acontecesse sem nenhuma razão?

Deus em busca dos bens maiores

Se concordarmos com *A cabana* que o mal não pode ser explicado recorrendo-se a um limite no amor de Deus ou em seu poder, então por que Ele permite que o mal aconteça? Vamos começar com uma analogia. A pequena Jamie está tendo um dia maravilhoso, brincando em casa, quando de repente sua mãe interrompe sua brincadeira para levá-la ao médico. Jamie replica que não está doente, mas sua mãe insiste. Quando chegam à clínica, Jamie é conduzida a uma sala e uma enfermeira se aproxima dela com uma longa e assustadora injeção. Como Jamie é instruída a nomear todos os personagens de Vila Sésamo no cartaz da parede, a criança de repente sente a dor da agulha sendo introduzida em seu braço. Logo depois, Jamie começa a se sentir indisposta e desenvolve uma ligeira febre naquela noite. Embora no dia seguinte ela acorde se sentindo melhor, não consegue entender por que, se estava perfeitamente saudável, sua mãe a fez se submeter a uma injeção dolorosa e assustadora que a deixaria adoentada.

Embora este possa ser um problema para Jamie, *nós* podemos saber que sua mãe estava providenciando para que Jamie recebesse uma vacina para evitar que contraísse uma doença potencialmente fatal. Na verdade, podemos pensar em muitos casos em que as crianças são submetidas à dor porque seus pais têm um propósito maior que as crianças não conseguem entender. Será que Deus também teria razões suficientes para justificar males incríveis como o assassinato de Missy? E será que conseguimos nos reconciliar com o amor e o poder perfeitos de Deus com o mal cometido desta maneira? Esta ideia é conhecida como uma teodiceia dos bens maiores, e a ideia básica é que Deus permite que determinados males ocorram porque pretende extrair deles bens maiores. Mas que tipo de bens Deus estaria planejando extrair da Criação? Vamos considerar dois: o livre-arbítrio e o desenvolvimento moral ou construção da alma.

Segundo a visão calvinista, o livre-arbítrio consiste de uma pessoa ser capaz de fazer qualquer coisa que Deus a fez desejar fazer. Mas muitas pessoas acham que essa ideia não faz sentido. Certamente, se sou realmente livre, então nem mesmo Deus pode decidir a minha vontade: eu preciso tomar minhas próprias decisões. E isso significa que, se sou livre, devo ser capaz de escolher o bem ou o mal. Assim, Deus cria criaturas livres porque esse é um bem moral, ainda que Ele saiba que isso vai resultar em uma determinada quantidade de mal.

Considere o piano Tiny Tykes. Trata-se de um piano para crianças pequenas com apenas quatro teclas no teclado: dó, mi, sol, e um dó mais alto. Esta seleção limitada de teclas tem um subproduto importante: qualquer combinação destas teclas produz sempre um som harmonioso; é simplesmente impossível produzir dissonância ou cacofonia neste piano. Mas pense no que é perdido! Com um conjunto de teclas tão limitado como esse, não podemos tocar sequer uma canção de ninar, que dirá Rachmaninoff! Assim, qualquer um que esteja seriamente interessado em ensinar piano a seu filho vai preferir optar por um teclado com todas as 88 teclas. Embora se possa reconhecer que essa vontade resulte em alguma frustração, devido ao potencial de dissonância, é mais que compensada pelo potencial para produzir uma música muito mais complexa.

Similarmente, Deus poderia ter criado criaturas que não escolhessem o mal. Mas, em vez disso, criou criaturas livres com o potencial para o mal, reconhecendo que, por fim, o bem das criaturas realmente livres iria compensar em muito a dissonância limitada. A ideia de que o livre-arbítrio é um bem maior é central na teodiceia de *A cabana* (114). Papai explica: "Todo o mal decorre da independência e a independência foi a escolha que vocês fizeram. Se fosse simples anular todas as escolhas de independência, o mundo que você conhece deixaria de existir e o amor não teria significado" (178). Em outras palavras, para o amor ter significado, ele requer liberdade. Mais uma vez, Papai adverte: "Se fosse simples anular todas as escolhas de independência, o mundo que você conhece deixaria de existir e o amor não teria significado. O mundo não é um *playground* onde Eu mantenho todos os meus filhos livres do mal. O mal é o caos, mas não terá a palavra final" (178). O amor não tem significado se for forçado e determinado. Ele só é importante se for escolhido livremente. Por isso, o mal do mundo decorre das escolhas dos seres humanos, que Deus permite por Seu desejo de estar em relacionamento com criaturas realmente livres.

Os bens para os quais Deus permite o mal também se estendem aos processos pelos quais as pessoas vêm a fazer melhores escolhas, e isto nos leva à ideia de desenvolvimento moral ou construção da alma. Assim como um programa de exercícios físicos rigorosos vai envolver muita dor física, também o processo de construção da alma, de se tornar uma pessoa moral mais responsável à imagem de Cristo, vai envolver algum sofrimento físico e emocional. Para desenvolver um caráter moral sólido, é preciso experimentar alguma frustração, desapontamento, perigo e escassez de recursos. Só então se aprende a ser paciente, esperançoso, corajoso e generoso.

Para ilustrar, no livro de Roald Dahl, *A fantástica fábrica de chocolate*,* há uma menininha horrorosa chamada Veruca Salt, que consegue tudo o que quer. Quando Veruca quer ganhar um dos convites dourados para visitar a fábrica do sr. Wonka, seu pai fecha toda a sua fábrica e instrui todas as suas operárias a pararem de descascar nozes e passarem a abrir todas as barras de chocolate Wonka! Veruca fica desesperada até que, poucos dias depois, é encontrado afinal o sonhado convite dourado. Absolutamente incapaz de lidar com qualquer negação de suas exigências, ela é uma pirralha mimada e autocentrada. Imagine se os pais de Veruca a tivessem disciplinado adequadamente e lhe ensinado as virtudes da paciência, da renúncia e da generosidade. Ela não só seria uma criança muito melhor, mas também muito mais feliz. (Mas, afinal, nesse caso ela seria uma personagem muito mais tola no livro!)

Por isso, Deus nos permite experimentar o sofrimento e o mal para estimular nosso desenvolvimento moral (Provérbios

---

* Editora Martins Fontes, 1998. (N. T.)

3:11-12; Hebreus 12:5-6), para que sejamos capazes de penetrar no círculo divino do Amor. Esta dimensão da teodiceia dos bens maiores está implícita no livro quando Papai promete a Mack: "Se você ao menos pudesse ver como tudo isso terminará e o que alcançaremos sem violar qualquer vontade humana, entenderia. Um dia entenderá" (115). Não só Deus está respeitando a vontade humana, mas está atraindo essas criaturas livres para a maturidade através do processo ocasionalmente doloroso da construção da alma. Poderíamos começar a especular sobre que bens formadores do caráter Deus pode ter extraído da morte de Missy. Certamente é possível que Missy pudesse ter desenvolvido valentia e confiança em Deus através da sua provação. A transformação de Mack é mais óbvia, pois ele passa de um juiz implacável de Deus e da raça humana para se tornar alguém que vive na humildade e no amor. A transformação é evidente quando contrastamos o desejo inicial de que o assassino de Missy fosse mandado para o inferno (147) com seu desejo posterior de estender o perdão ao assassino (232). Será que a transformação de Mack poderia constituir uma peça na explicação para a morte de Missy?

Somos meios para os fins de Deus?

Segundo a teodiceia dos bens maiores, Deus permite que tudo de ruim aconteça em prol de um bem maior. Deus permitiu que Mack sofresse um acidente na volta para casa durante uma tempestade de neve em prol dos bens maiores que Deus buscava extrair deste evento. O mesmo se aplica à ocasião em que, quando criança, Mack foi amarrado a uma árvore e espancado por seu pai durante dois dias.

Mesmo no caso de Missy ter sido assassinada por um sociopata, Deus pretende extrair bens maiores do evento. Esse é o poder desta interpretação, que explica claramente todo mal terrível com a promessa de que cada um contribua para um bem maior total do que ocorreria se o evento não tivesse acontecido.

Entretanto, embora a teodiceia dos bens maiores possa ser plausível como uma explicação geral para o mal, ela imediatamente começa a esbarrar num problema quando procuramos aplicá-la a casos específicos, como o assassinato de Missy. Em termos simples, há algo profundamente insatisfatório em explicar um mal tão horrendo como parte da "tapeçaria magnífica" de Deus (163). Isto não faz Deus parecer chocantemente insensível, como se simplesmente "percorresse os números" nas consequências da soma total de todo evento particular para decidir quais crianças deveriam viver e quais deveriam morrer?

É como se Deus olhasse para baixo para considerar se Missy deveria viver ou morrer. "Vejamos, se ela viver serão produzidas dez unidades de bondade para a construção da alma. Mas, se morrer, serão produzidas *quinze* unidades de bondade para a construção da alma, juntamente com quatro unidades de ruindade para a destruição da alma. Como, em última instância, sua morte vai produzir mais bondade, Missy deve morrer." Isso não parece demasiado grotesco?

Na ética, há uma teoria como esta chamada *utilitarismo*. O cerne do utilitarismo é que a ação ética correta, em qualquer circunstância, é a que produz a maior quantidade de bem total. Embora isto possa de início parecer plausível como uma teoria ética, implica que nenhuma ação é intrinsecamente errada. Toda ação deve ser julgada pelo bem total que ela produz, e se o estupro e o assassinato de uma criança produzem mais bem, este é o curso de ação correto. Mas, certamente, isto não pode ser certo: alguns atos são sempre errados, sejam quais forem suas consequências!

Para resumir o problema, a teodiceia dos bens maiores parece apresentar Deus como principal utilitarista. Pense: a cada momento de cada dia, Deus está permitindo que alguns indivíduos experimentem o mais indizível sofrimento em prol de seus propósitos maiores. Alguns estão sendo assassinados, outros torturados e outros estão definhando lentamente, tudo para produzir uma determinada quantidade de bem. Como disse Mack asperamente: "Desse jeito parece que o fim justifica os meios, que para obter o que querem vocês são capazes de qualquer coisa, mesmo que isso custe a vida de bilhões de pessoas" (115). Por mais descomunal que possa ser a estatística de bilhões de sofredores, para Mack o problema está fundamentalmente centrado no uso por Deus de uma garotinha: "E qual é o valor de uma menininha ser assassinada por um tarado?" (114).

Já comentei que *A cabana* assume a postura ampla de que Deus permite que cada evento ocorra como parte de Seus propósitos (115, 163). Isto quer dizer que havia algum tipo de plano por trás da morte de Missy: Deus já havia previsto e planejado sua morte por alguma razão. Então, o livro oferece uma resposta à acusação de que a teodiceia dos bens maiores transforma Deus em um utilitarista frio e insensível? É interessante notar que o livro parece evitar este problema, não explicando como Deus pode ter utilizado a morte de Missy, mas sim negando que ele usa as pessoas desta maneira! Assim, quando Mack se queixa de que não consegue imaginar qualquer resultado que justifique o mal, Papai replica sucintamente: "Não estamos justificando. Estamos libertando" (116). Isto é importante, pois, em vez de afirmar que está agindo para justificar e redimir o mal, Papai nega totalmente qualquer justificativa. Mas isto se parece mais com a visão aberta da Providência do que com um apelo aos bens maiores. Também não se trata de uma inconsistência isolada. Quando Mack pergunta se Papai planejou a morte de Missy em prol do crescimento espiritual, Papai responde com uma repreensão abrupta: "Não é assim que eu faço as coisas" (173). Com esta repreensão, Ela parece rejeitar não apenas a explicação proposta por Mack para a razão de Missy ter morrido, mas também a própria ideia de que poderia ter alguma explicação. E, apesar do fato de que tudo o que acontece ocorre segundo o plano de Deus (115), Sophia é enfática ao dizer que *Papai não planejou* que Missy fosse morta, pois Papai não precisa do mal para realizar Seus bons propósitos (152). Finalmente, quando Mack acusa Papai de usar o mal para obrigar as pessoas a se voltarem para Ela (uma forma de utilitarismo), Papai mais uma vez rejeita a simples sugestão disso (173).

A ACUSAÇÃO DO ATEÍSTA DE PROTESTO

Nós nos encontramos diante de um quebra-cabeça. Para começar, *A cabana* afirma o controle providencial de Deus sobre o mal para seus propósitos. Assim como Deus permite que o sofrimento da ostra crie uma bela pérola (164), também permite o sofrimento da Criação para atingir bens maiores. Mas o livro se recusa a todo momento a fazer qualquer sugestão de que Deus permitiu o sofrimento e a morte de Missy para atingir bens maiores. Como se explica esta inconsistência? Este é simplesmente um fio solto no texto? Considerando-se a centralidade da questão do mal, esse poderia parecer um fio solto importantíssimo. Em vez disso, será que *A cabana* reconhece que, embora a teodiceia dos bens maiores possa ser ótima no abstrato, torna-se problemática quando aplicada a circunstâncias específicas?

Para responder a esta pergunta, vamos considerar mais de perto o problema da morte de Missy. O problema do assassinato de Missy surge de maneira notável quando Jesus oferece palavras de conforto a Mack, garantindo-lhe que tanto ele quanto Sarayu estavam junto de Missy durante sua provação. Quando Mack pergunta se Missy sabia da presença deles, Jesus respondeu: "No princípio, não. O medo era avassalador e ela estava em estado de choque. Demorou horas para chegar do acampamento até aqui. Mas, quando Sarayu se enrolou ao redor dela, Missy se acalmou" (160). E então, com algumas palavras finais de conforto, Jesus acrescentou: "Posso lhe dizer que não houve um momento em que não estivéssemos com ela. Missy conheceu a minha paz, e você ficaria orgulhoso, porque ela foi muito corajosa!" (160). Embora estas palavras ofereçam algum conforto a Mack, elas têm algo de perturbador. O problema é que Jesus não está descrevendo a coragem de uma criança que enfrentou a injeção de uma vacina ou mesmo a extração da raiz de um dente. Trata-se de Deus descrevendo uma criança que suportou violações indizíveis culminando em seu próprio assassinato. Como Jesus e Sarayu puderam ficar passivos enquanto o assassino prosseguia seviciando Missy?

O problema da teodiceia dos bens maiores torna-se dolorosamente evidente no documentário *Livrai-nos do mal* (*Deliver Us*

From Evil).* Esse filme inesquecível narra o escândalo de abuso sexual da Igreja Católica, concentrando-se nos crimes do padre Oliver O'Grady, um padre que molestou dúzias de crianças durante várias décadas (algumas de apenas nove meses de idade). O filme faz um levantamento da destruição que O'Grady provocou em tantas vidas, incluindo aquela de Ann Jyono. O'Grady começou a estuprá-la quando ela tinha apenas cinco anos de idade, com frequência na sala da casa dos pais dela. E continuou a fazê-lo durante *sete anos*. Embora tenha agora trinta e nove anos, Ann continua assombrada pelos indizíveis horrores suportados desde os cinco anos de idade. Desnecessário dizer que a descoberta de seus pais deste crime terrível os destruiu. Agora seu pai, ex-católico devoto, olha para a câmera e, com a voz trêmula e com sua filha chorando ao lado dele, vomita as palavras: "Eu consertei minha mente. Deus não existe. Não acredito em Deus, certo? Todas estas regras são criadas pelo homem, sabe?".

Se você quer uma demonstração viva dos problemas da teodiceia dos bens maiores, basta olhar para Bob Jyono. Será que conseguimos encontrar uma "palavra de conforto" sabendo que Jesus e Sarayu estavam com Ann durante seus sete anos de estupro? Será que ousamos propor que aqueles tocados por este mal maior que o bem justificam o pesadelo de Ann? Surpreende alguém que o sr. Jyono, convencido de que não pode haver explicação vinda de um Deus amoroso, tenha rejeitado sua crença religiosa?

Aqui nos encontramos nas águas profundas do ateísmo de protesto. Embora o ateísta de protesto possa acreditar que não

---

* Documentário de 2006 realizado por Amy J. Berg. (N. T.)

existe Deus, sua visão é distinta, porque ele resolve que, mesmo que houvesse um Deus, ele não O reconheceria como um protesto moral ao sofrimento no mundo. Vi um exemplo vivo de ateísmo de protesto alguns anos atrás, quando o destacado médico canadense Henry Morgentaler debateu com William Lane Craig sobre a existência de Deus. Durante a sessão de perguntas e respostas, um jovem perguntou a Morgentaler se ele se inclinaria diante de Deus se lhe fosse provado que Deus existe. Morgentaler, que sobreviveu a um campo de concentração alemão, respondeu com um desdém mal velado que ele não se inclinaria diante de ninguém, nem mesmo de Deus!

Pode ser que a articulação mais influente do ateísmo de protesto de toda a literatura seja encontrada na obra-prima do romancista russo Fiódor Dostoiévski, *Os irmãos Karamázov*. A certa altura dessa história labiríntica, o jovem padre chamado Aliocha encontra seu irmão ateísta Ivan em um restaurante. Pouco depois, a conversa passa a versar sobre questões de Deus e Ivan apresenta o cerne da sua objeção a Deus em vários relatos comoventes sobre o abuso de crianças. Talvez o mais impressionante seja o caso de uma menina de cinco anos de idade que era cruelmente espancada por seus desalmados pais:

> Eles a espancavam, a chicoteavam, a chutavam, eles próprios sem saber por que, até que todo o seu corpo se tornou uma ferida só; finalmente, atingiram o auge do requinte: em um frio congelante, eles a trancaram no banheiro externo, para que ela não pedisse para levantar e ir até lá no meio da noite (como se uma criança de cinco anos de idade dormindo seu sono angélico profundo pudesse ter aprendido a pedir isso naquela idade) – para isso espalharam seu excremento em seu

rosto e a fizeram comê-lo, e foi sua mãe, sua própria mãe quem fez isso![*]

Como Ivan sem dúvida diz, um mal desta dimensão excede a qualquer coisa que possa ser justificada no caminho de um bem maior. (Deus não poderia ter derivado bem suficiente apenas do espancamento da criança? Ela tinha também que comer seu próprio excremento?) Quando todas as implicações são pesadas, parece que apelar para a teodiceia para explicar um mal desse tipo não é um consolo, mas antes um insulto. Ivan continua:

> Você consegue entender que uma criaturinha que não consegue sequer entender o que estão fazendo com ela, em um local horroroso, no escuro e no frio, espanca a si mesma em seu pequeno peito tenso com seu minúsculo punho e chora com suas lágrimas angustiadas, suaves e mansas pedindo ao "querido Deus" que a proteja – você consegue entender tal absurdo, meu amigo e meu irmão, meu devoto e humilde noviço, consegue entender por que este absurdo é necessário e criado?[**]

Ivan objeta fundamentalmente a própria noção da teodiceia por sua conclusão imperdoável de que a tortura, o estupro e o assassinato de menininhas podem ser justificados pelos propósitos cósmicos de Deus. A ira de Ivan é palpável, quando conclui sua enfurecida acusação contra o Deus de Aliocha: "Quem quer

---

* Fiodor Dostoevsky, *The Brothers Karamazov*, trans. Richard Pevear & Larissa Volokhonsky, New York: Alfred A. Knopf, 1992, p. 241-2. [Ed. bras.: *Os irmãos Karamázov*. São Paulo: Editora 34, 2009.]

** Dostoevsky, *The Brothers Karamazov*, p. 242.

saber destes malditos bem e mal a esse preço? Todo o mundo do conhecimento não vale as lágrimas dessa pequena criança ao seu 'querido Deus'".*

Para um ateísta de protesto como Ivan, *esta* é objeção final à teodiceia e, finalmente, a Deus. Nenhum bem possível pode justificar as lágrimas derramadas por esta criança espancada e trancada na latrina, aquelas que encharcavam o travesseiro quando ela era estuprada, ou aquelas que se espalharam no chão da cabana quando Missy foi assassinada. Toda tentativa de justificar e remir esses males em prol de algum bem hipoteticamente maior só aumenta o insulto final.

Por que Deus fica calado?

Qualquer pessoa com um mínimo de sensibilidade ao sofrimento deve certamente admitir o impulso emotivo na posição do ateísta de protesto. Mas será que é realmente preferível um mundo onde o mal acontece sem nenhum propósito? Por mais difícil que possa ser digerir uma teodiceia dos bens maiores quando ela é aplicada a casos específicos, certamente a alternativa é bem pior! Neste ponto, o ateísta de protesto é como a pessoa que informa com indignação ao seu médico que ela vai encarar a morte mais cedo do que o prognóstico esperançoso proporcionado no decorrer de uma quimioterapia. A explicação que a teodiceia dos bens maiores dá para o mal não oferece uma resposta certa, mas, em contraste com o ateísmo, oferece esperança.

* Dostoevsky, *The Brothers Karamazov*, 242.

Então, por que Deus não esclarece melhor suas razões para permitir males específicos? A primeira razão, que é sugerida pela inadequação da teodiceia dos bens maiores quando aplicada a casos específicos, é que este conhecimento não nos seria particularmente útil. Assim como Jesus sabia que não seria proveitoso dar a Mack detalhes específicos sobre a provação de Missy (160), Deus sabe que, com frequência, não nos seria de nenhum proveito ter os detalhes de por que nós sofremos. Esta foi a experiência de Harold Kushner quando enfrentou a morte iminente de seu filho: "Os livros a que recorri estavam mais preocupados em defender a honra de Deus, com a prova lógica de que o ruim é realmente bom e que o mal é necessário para fazer deste mundo um mundo bom, do que em curar a consternação e a angústia do pai de um filho que está morrendo".* Por isso, embora a teodiceia possa ter grande valor na torre de marfim da discussão especulativa, é de valor negligenciável para aqueles que estão nas trincheiras do sofrimento.

C. S. Lewis apresenta uma ilustração excelente desta questão. O autor de *The Problem of Pain*, uma das teodiceias mais competentes do século XX, achou em seu próprio livro um conforto frio quando perdeu sua esposa para o câncer. Por isso, para se conformar com sua angústia, escreveu um livro muito diferente, *A Grief Observed*, em que os argumentos retiram-se para as sombras. Em seu lugar, encontramos angustiadas reflexões pessoais: "As pessoas superam estas coisas. Vamos, acho que não vou ficar tão mal. Fica-se envergonhado de ouvir esta voz, mas ela parece por um momento estar apresentando uma boa razão. Então, de repen-

* Harold S. Kushner, *When Bad Things Happen to Good People*, 4.

te, vem um golpe da lembrança candente e todo este 'bom-senso' desaparece como uma formiga na boca de uma fornalha."* Mas, mesmo que os argumentos da teodiceia se vaporizem na fornalha do sofrimento, não devemos concluir que elas sejam ilegítimas ou inúteis, mas simplesmente que sua aplicação é limitada. Então, no caso de Mack, pode ser que a recusa de Papai em proporcionar uma explicação específica para a morte de Missy é menos uma questão de inconsistência do que a sabedoria de um pai que detém um conhecimento que seria de pouco valor.

Eu sugeriria uma segunda razão para Deus se recusar a explicar por que Missy morreu: essas razões podem ser demasiado complexas para Mack entender. Como explica Papai:

> Há milhões de motivos para permitir a dor, a mágoa e o sofrimento, em vez de erradicá-los, mas a maioria desses motivos só pode ser entendida dentro da história de cada pessoa. Eu não sou má. Vocês é que abraçam o medo, a dor, o poder e os direitos em seus relacionamentos. Mas suas escolhas também não são mais fortes do que os meus propósitos, e eu usarei cada escolha que vocês fizerem para o bem final e para o resultado mais amoroso. (114)

Vamos refletir sobre a declaração que está sendo feita aqui. Para entender todas as razões por que Deus permite um determinado mal na vida de alguém, precisamos entender totalmente a história de cada um. Então, para Mack entender por que Deus permitiu a morte de Missy, ele teria de conhecer toda a história dela. E para isso seria necessário que conhecesse a história de sua

---

* Harold S. Kushner, *When Bad Things Happen to Good People*, p. 4.

esposa, as histórias de seus filhos e a de inúmeras outras vidas que Missy impactou através da sua vida e da sua morte.

Talvez você tenha ouvido falar do famoso exemplo da borboleta, mostrando como todas as coisas estão intimamente interconectadas. Segundo ele, uma borboleta que agita suas asas hoje na China pode criar temporais na próxima semana na Califórnia. Se o agitar das asas de uma borboleta pode provocar efeitos de tal larga escala no mundo, que impacto a morte de uma criança poderia ter no mundo? Podem existir literalmente *milhões* de razões para explicar por que Deus permitiu a morte de Missy, pois o impacto desse evento espalhou-se pelo globo afetando inúmeras outras situações, todas agindo na direção da intenção final de Deus para tecer o sofrimento deste mundo em uma magnífica tapeçaria. Pode ser que o melhor que possamos fazer seja confiar que Deus tem suas razões, que ainda não conseguimos entender (208).

Alguns anos atrás, a televisão aberta americana (PBS) produzia um programa apresentado pelo pintor Bob Ross chamado *The Joy of Painting*. A popularidade persistente de Ross vinha de sua convicção de que qualquer um poderia pintar, associada à sua orientação fácil e afável. Um dos momentos mais memoráveis do programa foi quando Ross estava no meio de uma bela pintura, "talvez uma adorável cena pastoral com lago, árvores e montanhas", e de repente marcou a tela com um feio golpe de tinta. "Não, Bob!", gritaram seus espectadores. "Que erro terrível!" Mas então Ross, calmamente, assegurou aos espectadores que na pintura não há erros, apenas "felizes pequenos acidentes". E então começou, metodicamente, a transformar aquela marca extravagante em um belo e alto pinheiro que valorizou a pintura de uma maneira que os espectadores jamais teriam previsto.

Às vezes, os teólogos têm-se referido ao pecado de Adão e Eva como uma "*felix culpa*" ou "pecado feliz". A questão não é que o pecado tenha sido uma coisa boa, mas sim que, através deste evento terrível, Deus proporcionou algo maravilhoso com a vida e a morte de Seu Filho. Nosso desafio é acompanhar Mack para começar a ver as cicatrizes mais gritantes da Criação através dos olhos da fé. Talvez possamos então começar a perceber que Deus finalmente vai redimir cada evento terrível com um quadro emergente de beleza em que não haverá mais luto, choro ou sofrimento, pois a velha ordem das coisas já terá passado (Apocalipse 21:4).

Indo mais fundo

1. Se essa teodiceia é de valor negligenciável para ajudar aqueles que estão em meio ao sofrimento, então qual é o seu valor?
2. A suposição do argumento do livre-arbítrio é que este requer a possibilidade de escolher o mal. Isso significa que Deus não é livre porque não pode pecar? E quanto aos seres humanos redimidos na eternidade? Se não pudermos mais pecar, não mais seremos livres?
3. Você acha a ideia de que Jesus e o Espírito Santo acompanharam Missy durante toda a sua privação confortante ou perturbadora?
4. Você acredita que *A cabana* mantém o equilíbrio entre Deus prevendo e redimindo eventos pecaminosos sem realmente causar esses eventos?
5. Como você reage à ideia de que Deus usou o assassinato de Missy para atingir bens maiores?

CAPÍTULO 5

ENCONTRANDO ESPERANÇA NO SOFRIMENTO DE DEUS

UMA DAS DESCRIÇÕES MAIS assustadoras do mal é encontrada no angustiante relato autobiográfico que Elie Wiesel apresenta do Holocausto no livro *A noite*. Entre a série de horrores registrados no livro, o mais angustiante talvez seja a ocasião em que um garotinho foi condenado à morte na forca, enquanto os outros prisioneiros eram obrigados a assistir. Como conta Wiesel, o horror era acrescido do fato de que o pequeno peso do menino conduziu a uma morte lenta e torturante por estrangulamento:

> Durante mais de meia hora ele ficou ali, lutando entre a vida e a morte, morrendo em lenta agonia diante de nossos

> olhos. E tínhamos que olhar para sua face. Ele ainda estava vivo quando passei diante dele. Sua língua ainda estava vermelha; seus lábios ainda não estavam vítreos.
>
> Atrás de mim, ouvi o mesmo homem perguntando:
>
> "Onde está Deus agora?"
>
> E ouvi uma voz dentro de mim lhe respondendo:
>
> "Onde está Ele? Ele está aqui – Ele está pendurado aqui nesta forca..."*

Embora alguns leitores tenham interpretado o comentário de Wiesel como marcando uma fuga para o ateísmo, na verdade ele estava aludindo à misteriosa ideia de que Deus, de algum modo, sofre com seu povo. Será possível que o Senhor soberano do universo esteja presente enquanto uma criança está enfrentando a mais terrível morte?

Wiesel deixa isso claro em suas memórias quando passa a tratar do problema do Holocausto em uma pungente intervenção de três páginas intitulada "O sofrimento de Deus: um comentário". A passagem assim se inicia:

> Eis o que o Midrash nos diz. Quando o Santíssimo, abençoado seja o Seu nome, vem para libertar os filhos de Israel do seu exílio, eles vão lhe dizer: "Mestre do Universo, foi o senhor que nos espalhou entre as nações, retirando-nos da Sua morada, e agora é o Senhor que nos traz de volta. Por que isso?". E o Santíssimo, abençoado seja o Seu nome, responde com esta parábola. Um dia, um rei retirou sua esposa de seu palácio, e no dia seguinte

* Elie Wiesel, *A noite*, Edições Ediouro, 2002.

> a levou de volta. A rainha, perplexa, perguntou-lhe: "Por que você me mandou embora ontem só para me trazer de volta hoje?" "Saiba de uma coisa", respondeu o rei, "eu a segui fora do palácio porque não consigo viver nele sozinho." E então o Santíssimo, abençoado seja o Seu nome, diz aos filhos de Israel: "Tenho visto vocês saírem da minha morada, eu também a deixei para poder retornar com vocês".*

Assim como Deus não oferece a Jó nenhuma explicação para o seu sofrimento, nesta parábola o rei não oferece nenhuma explicação para o motivo que o levou a retirar sua rainha do palácio. Mesmo quando o mal permanece um mistério, a parábola nos assegura que o rei estava com sua rainha em meio ao seu sofrimento. Similarmente, Deus não apresenta razões claras e específicas de por que permitiu que seu povo experimentasse um sofrimento incrível – mas promete que estará presente junto com ele em meio ao seu sofrimento.

Esta parábola desconcertante do exílio autoimposto do rei assume todo um novo nível de significado para o cristão que acha que Deus acompanhou seu povo para o exílio, tornando-se literalmente encarnado em meio a ele. Deus não apenas sofre e se identifica conosco como Deus – em si uma noção profunda e desconcertante –, mas também como ser humano. Identificando-se com o sofrimento humano, Deus permanece solidário com todo o sofrimento e a dor deste mundo. Será que aqui, na fraqueza da cruz, encontramos o triunfo final de Deus sobre o mal?

* Elie Wiesel, *All Rivers Run to the Sea*. New York: Alfred A. Knopf, 1995, p. 103.

Jesus sofreu conosco

Na longa viagem até Wallowa Lake, Mack compartilhou com seus filhos a lenda da princesa índia da tribo Multnomah. Segundo a história, uma doença acometeu os homens da tribo e então rapidamente começou a provocar uma morte após outra. Quando a situação ficou desesperadora, o curandeiro compartilhou com a tribo que seu pai havia previsto anos atrás que uma enfermidade desse tipo iria atacar a tribo. Então, seu pai lhe disse que a doença só seria curada se a filha de um chefe se dispusesse voluntariamente a renunciar à sua vida atirando-se de um alto penhasco. Embora os líderes da tribo tivessem determinado que jamais poderiam solicitar esse tipo de sacrifício, uma princesa se apresentou como voluntária e se dirigiu ao penhasco no cair da noite e se atirou para a morte para que a tribo pudesse sobreviver. Em uma comemoração milagrosa do seu sacrifício, as águas da cachoeira Multnomah começaram a jorrar do penhasco a partir daquele ponto, marcando a dádiva da princesa com uma cascata eterna de água vivificante.

Mack sempre gostou de compartilhar esta história com seus filhos, porque "ela tinha todos os elementos de uma verdadeira história de redenção, não diferente da história de Jesus ..." (31). Mas, embora Missy em geral ficasse fascinada pela história, desta vez pareceu estranhamente abatida. A razão disso, como Mack descobriu mais tarde, devia-se à perturbadora conexão entre a profecia Multnomah e a exigência aparentemente cruel de que Jesus precisava morrer para salvar a humanidade. Em resposta, Mack explicou: "O pai dele não o *fez* morrer. Jesus escolheu morrer porque ele e o pai amavam muito você, eu e todas as pessoas.

Ele nos salvou da doença, como a princesa" (33). E assim é com esta doutrina cristã central que nos apresenta simultaneamente o mistério de Deus submetendo Seu próprio Filho a uma morte sacrificial, e a mais gloriosa verdade de que Ele fez isso para que pudéssemos nos tornar Seus filhos. Por mais importante que possa ser esta teodiceia para a reflexão do sofrimento no mundo, é aqui, ao pé da cruz, que encontramos a maior e a resposta final para o problema do mal.

Que tipo de esperança é encontrada na cruz? Para começar, há a esperança de solidariedade encontrada no conhecimento de que Deus se identifica conosco no nosso sofrimento. Deus pendeu da forca com aquela criança, assim como o rei seguiu para o mercado atrás de sua rainha. Desconfio que somente as pessoas que experimentaram um sofrimento muito grande podem apreciar as implicações profundas desta declaração. Para dar um exemplo, no ano 177 d.C. teve início uma cruel perseguição em Lyon (no que atualmente é o sul da França), em que os cristãos foram submetidos à mais cruel das torturas. Uma jovem chamada Blandina foi torturada durante dias e um jovem chamado Santo padeceu em agonia enquanto placas de latão ardentes eram pressionadas sobre as partes mais vulneráveis de seu corpo. Além disso, a Igreja perdeu seu amado e idoso bispo Potino após ele ter sido submetido a um brutal espancamento. O que teria significado a cruz para os santos sofredores de Lyon?

A resposta veio com Irineu, um dos maiores teólogos da Igreja inicial e indicado para ser substituto do bispo Potino. Devido à experiência de sua Igreja com o sofrimento, Irineu entendeu a importância de afirmar que Cristo está solidário conosco. Ele sabia que, pelo fato de Cristo ter sofrido conosco, podemos encarar nossos sofrimentos como um meio de identificação com nosso Senhor (1 Pedro 4:13). Irineu desenvolveu as implicações deste ensinamento até mesmo quando buscou refutar uma heresia popular na época chamada gnosticismo. Segundo o gnosticismo, Deus não podia sofrer e, como Jesus era Deus, ele só fingiu sofrer na cruz. A réplica de Irineus veio diretamente do incrível sofrimento experimentado por sua própria Igreja:

> Se ele realmente não sofreu, não se deve dar crédito a ele, porque não houve paixão. E, no que nos diz respeito, quando começamos realmente a sofrer, ele pareceria um impostor ao nos exortar a nos deixar golpear e dar a outra face, se ele próprio não tivesse sofrido antes da mesma maneira. Assim como também enganaria seus discípulos exortando-os a suportar as coisas que ele não suportaria. Além disso, nós seríamos maiores que o nosso mestre, na medida em que sofrêssemos e suportássemos coisas que o nosso mestre jamais sofreu ou suportou.*

Que nunca seja dito que a teologia não tem um impacto na vida real! Como diz Irineu, se Cristo estivesse simplesmente representando na cruz, então Blandina, Santo e Potino não teriam nada a aprender com ele; na verdade, teriam se tornado maiores que seu mestre! Da mesma maneira que soldados experientes não aceitariam as ordens de um sargento que nunca participou de um combate, também os santos cristãos dificilmente apreciariam um salvador que nunca conheceu o sofrimento! Assim, era fundamental

---

* Irenaeus, "Against Heresies", in Richard A. Norris, trans. and ed., *The Christological Controversy*. Philadelphia: Fortress Press, 1980, p. 53.

que os santos de Lyon soubessem que Cristo havia permanecido solidário com Blandina, Santo e Potino, e que qualquer outra coisa que eles enfrentassem no vale das sombras da morte, ele estaria junto com eles.

Jesus, o Grande Médico... e muito mais

Por mais profundo que seja pensar em Jesus Cristo se identificando conosco em nossa enfermidade, jamais poderíamos ficar satisfeitos com um salvador que apenas sofresse conosco. Um paciente procura um médico não apenas para que ele possa expressar empatia, mas para que ele possa lhe trazer a cura. E nós buscamos um Deus que nos dê não apenas suas lágrimas, mas uma mão firme que secará nossas lágrimas. Como diz Mack, Cristo veio nos curar da sua doença. Mas exatamente como se dá essa cura?

Como vimos anteriormente, o entendimento de Mack do amor de Deus é dificultado pelos destinos muito diferentes de Amber Ducette e Missy. Como Deus poderia ser todo amor se deixou Missy morrer? Em resposta, Sophia ensina uma lição a Mack que ele jamais esquecerá quando lhe devolve suas perguntas (ou melhor, suas mal veladas acusações). O clímax de seu rigoroso interrogatório chega quando ela pede que Mack decida quais de *seus próprios filhos* ele decidirá condenar e quais permitirá que sejam salvos. Embora Mack se recuse a permitir esta escolha impensável, sua interrogadora continua a pressioná-lo a responder. Finalmente, num desespero crescente, ele implora: “Eu não posso ir no lugar deles? Se vocês precisam de alguém para torturar por toda a eternidade, eu vou no lugar deles” (150).

Embora Mack não perceba, com esse apelo desesperado ele se encontrou na verdade em uma companhia selecionada. Lembre-se de Moisés, que implorou a Deus que perdoasse os israelitas por sua adoração ao bezerro de ouro. Se Deus não os perdoasse, então Moisés optaria por permanecer solidário ao seu povo, solicitando que seu próprio nome fosse apagado do livro da vida de Deus (Êxodo, 32:32). Lembre-se do apóstolo Paulo, que ficou tão angustiado diante do problema dos israelitas que expressou sua própria disposição de ser condenado se esta fosse a única maneira de Israel ser salva (Romanos 9:3). Nesta grandiosa tradição, Mack também expressa a disposição de ser condenado por amor aos seus filhos. Entretanto, embora a nossa primeira reação a Moisés e Paulo possa ser de admiração por sua abnegação, de outra perspectiva pode-se argumentar que suas posições não eram de modo algum admiráveis. Para ilustrar, pense em um noivo que perde sua própria recepção de casamento porque decidiu oferecer seu farto banquete a um homem desabrigado. Não consideraríamos as ações deste homem louváveis! Ao contrário, acharíamos que ele insultou sua noiva e sua festa de casamento. Do mesmo modo, não se poderia argumentar que Moisés, Paulo e Mack insultaram seu Deus e os anfitriões do céu optando por humanos finitos e falíveis?

A acusação é intrigante e, quando se pensa a respeito, ela parece lógica. O único problema é que demonstra ser falsa, considerando-se o próprio sentimento de Deus. Moisés e Paulo não estavam se desviando da norma adequada, mas sim expressando o inexplicável amor de Deus no mistério do Filho, que optou por deixar sua perfeita comunhão com o Pai para realizar a nossa salvação. E, além disso, foi o Pai quem renunciou a esta perfeita comunhão enviando-o! Isso é surpreendente, pois a entrega de

Moisés, Paulo e Mack em prol de um povo sofredor é apenas uma maneira de expressar a beleza do que Jesus fez por nós. Ao optar por morrer no lugar de seus filhos, Mack inadvertidamente expressou o próprio sentimento de Deus.

Mas o que foi que Jesus fez por nós? Como vimos, a realidade do mal é profunda e desconcertante. Qualquer relato de como Deus está atuando contra e através dela será inevitavelmente parcial. O termo básico é *remissão*, o processo pelo qual criaturas pecadoras são levadas de volta ao relacionamento com Deus. Como podemos entender este mistério? Aqui precisamos voltar ao conceito da acomodação, que foi fundamental em nossa abordagem inicial. Deus agiu através da cruz para nos salvar, mas nos revelou várias imagens de acomodação para explicar aspectos deste misterioso ato de amor em termos acessíveis a nós.

Concluindo esta seção, vamos considerar algumas destas imagens. Para começar, nossa condição de pecadores é com frequência comparada à doença e até à morte para esclarecer que as pessoas estão realmente mortas em seus pecados (Efésios 2:1; Colossenses 2; 13). Absolutamente incapazes de salvar a nós mesmos, é Jesus que vem como o Grande Médico para nos curar da nossa doença (Marcos 2:17; Lucas 4:23) e, na verdade, para nos trazer de volta à vida em seu Espírito. O Novo Testamento também apresenta outras imagens de acomodação. Por exemplo, a obra de Cristo é descrita como uma reconciliação (*katallage*), uma imagem que traz à mente o pagamento das dívidas no mercado. Desse modo, Deus Pai "estava em Cristo reconciliando consigo o mundo, não lhes imputando os seus pecados" (2 Coríntios 5:19; cf. Romanos 5:11). Além disso, Paulo descreve a obra de Cristo em termos de redenção (*apolutrosis*), um termo que traz à mente a libertação das pessoas da escravidão: "Todos são justificados gratuitamente pela sua graça, pela redenção que há em Cristo Jesus" (Romanos 3:24). Mais uma vez, a salvação vem da graça do Pai através de Cristo.

As imagens são variadas: estávamos mortos e Cristo nos trouxe de volta à vida, estávamos doentes e ele nos curou, em dívida e ele pagou por nós, na escravidão e ele nos libertou. E assim, quando Mack pergunta o que significa remissão, Papai responde de maneira trivial: "Não muita coisa. Apenas a essência de tudo que o amor se propunha desde antes dos alicerces da Criação" (179).

Como eu disse, o Novo Testamento proporciona várias imagens de acomodação na Sagrada Escritura, mas nem todas aparecem em *A cabana*. Está particularmente ausente a imagem da remissão como salvação da ira de Deus. Isto não surpreende, porque *A cabana* minimiza o lado soberano de Deus. Mas o desafio que nos é apresentado é indagar se o resultado é uma imagem truncada da remissão. Vamos formular esta pergunta em duas etapas, primeiro confrontando a ira de Deus na Sagrada Escritura, e depois voltando a considerar essa ira na cruz.

O Deus irado

Peça para qualquer pessoa dar um exemplo de um ponto fraco na história da Igreja e ela provavelmente vai indicar as Cruzadas... e com razão. Os cruzados, no primeiro saque de Jerusalém em 1099, escreveram orgulhosamente para casa dizendo que o sangue dos infiéis muçulmanos corria pelas ruas cobrindo seus tornozelos. Raymond de Aguilers, capelão do exército, conta: "Em todas as [...] ruas e praças da cidade, podiam ser vistas montanhas de cabeças, mãos e pés".

E concluía: "Que punição apropriada! O próprio local que suportou durante tanto tempo blasfêmias contra Deus estava agora coberto pelo sangue dos blasfemos".* Esses relatos nos levam a indagar como alguém poderia ter realizado tais atrocidades achando que tinham a bênção de Deus! Além disso, mesmo que aceitássemos que Jesus estabeleceu uma nova ética para a Igreja, a guerra santa foi uma parte familiar da história da Israel. Na verdade, Israel foi enviado para conquistar Canaã através da destruição de sociedades inteiras, incluindo crianças e idosos (Deuteronômio 20:16-17).

Sem dúvida, os cristãos familiarizados apenas com o confortável Deus suburbano que fixou residência em muitas igrejas norte-americanas acharão absolutamente incompreensíveis os relatos da guerra santa apresentados no Velho Testamento. Em vista disso, podem procurar bater numa retirada apressada em direção ao brando Jesus, que faz um marcante contraste com o violento e caprichoso Deus da guerra do Velho Testamento. Como disse Mack: "Eu entendo o amor de Jesus, mas Deus é outra história. Não acho que os dois sejam iguais, de modo nenhum" (150).

Mas a realidade é que o "amável Jesus" oferece uma trégua limitada da violência divina. Na verdade, quando recorremos ao livro do Apocalipse, não encontramos uma denúncia da violência regional e étnica no Velho Testamento, mas sim um aumento dela em uma escala realmente cósmica. Efetivamente, as imagens de julgamento violento nesse livro profético superam muito as atrocidades das batalhas mais violentas da história militar. Em uma

* Citado em Piers Paul Read, *The Templars*. Cambridge, MA: Da Capo Press, 2001, p. 83. [Ed. bras.: *Os Templários*, trad. Marcos José da Cunha, Rio de Janeiro: Imago, 2000.]

imagem inesquecível, o anjo do julgamento de Deus é descrito colhendo os cachos da vinha e atirando-os no grande lagar da ira de Deus "e o lagar foi pisado fora da cidade, e saiu sangue do lagar até os freios dos cavalos, pelo espaço de mil e seiscentos estádios" (Apocalipse 14:19-20). A imagem traz à mente Deus exercendo sua ira enquanto esmaga os pecadores rebeldes transformando-os em uma polpa sem vida sob o calcanhar divino, provocando um profundo e amplo rio de sangue! E esta promessa de punição também não é uma anomalia singular, pois as advertências contra os iminentes julgamentos de Deus no inferno permeiam todo o Novo Testamento (ver, por exemplo, Mateus 25:41, 46; Judas 7).

Poucos cristãos ficam *satisfeitos* em encontrar na Sagrada Escritura essas imagens tão difíceis de digerir (e certamente ficaríamos preocupados com aqueles que ficassem satisfeitos). Permanece ainda o fato de que a violência está ali, e de um modo ou de outro deve ser tratada. Mas como? Como se pode reconciliar o Deus da ira tempestuosa com a imagem de um Jesus amoroso que abraçou a prostituta e o coletor de impostos? Certamente, podemos nos solidarizar com a perplexidade de Mack quando ele pergunta:

> "Mas... e a sua ira? Parece que, se você pretende ser o Deus Todo-Poderoso, precisa ser muito mais irado."
>
> "É mesmo?"
>
> "É o que eu acho. Você não vivia matando gente na Bíblia?" (108)

Mack levantou uma questão justa. Na verdade, a imagem de Deus em *A cabana* simplesmente aumenta o problema. Se Papai é realmente tão alegre, calmo e submisso, então por que aparece na Sagrada Escritura como perigosamente violento?

Na verdade, depois de ler os relatos da Sagrada Escritura, uma pessoa pode ser levada a desconfiar que, em algum nível profundo, Deus gosta da violência. Quando Mack pergunta ousadamente a Papai se isto é verdade, fica embaraçado diante da sua resposta: "Ele pôde ver uma tristeza profunda nos olhos dela. 'Não sou quem você pensa, Mackenzie. Não preciso castigar as pessoas por seus pecados. O pecado é o próprio castigo, pois devora as pessoas por dentro. Meu objetivo não é castigar. Minha alegria é curar" (109). Observe a importância da resposta de Papai. Ela não só deixa claro que não gosta de punir as pessoas no inferno, mas acrescenta que na verdade não gosta de modo algum de punir as pessoas. Em vez disso, Deus simplesmente deixa os seres humanos rebeldes entregues aos seus próprios desejos pecadores para serem punidos pelas consequências de suas próprias escolhas.

Esta ideia de que Deus não pune ativamente as pessoas no inferno foi popularizada por C. S. Lewis, que descreveu de forma memorável os portões do inferno como sendo trancados por dentro, uma frase que sugeria que era apenas a vontade humana que mantinha as pessoas no inferno. Infelizmente, essa afirmação não parece particularmente plausível dada a prevalência de imagens do Novo Testamento que descrevem Deus ativamente colocando seres humanos na fornalha ou nas trevas exteriores do castigo eterno (Mateus 8:12; 13:42; 22:13; 25:30; Apocalipse 14:9-11; 20:15). Seja o que for que possamos ainda concluir sobre Deus, a Sagrada Escritura certamente parece ensinar que Ele exercerá um julgamento feroz e irado contra aqueles que não estão em Cristo (Romanos 8:1). Ao que parece, a ira de Deus não é tão facilmente evitada.

Jesus nos salvou da ira de Deus?

Além de todos os outros problemas que os seres humanos enfrentam – mortos em pecado, doentes, endividados e escravizados, agora nos deparamos com o fato mais perturbador de todos: estamos todos sob a ira sagrada de Deus! Mas se aqueles que não estão em Cristo enfrentam a ira de Deus, então isto sugere algo realmente impressionante sobre a remissão; isto é, que em sua morte expiatória na cruz, Jesus absorveu a ira de Deus. Será que esta poderia ser também uma explicação contemporizadora do mistério da remissão? A evidência para esta imagem é encontrada em duas palavras gregas – *hilasterion* e *hilasmos* – que têm sido com frequência traduzidas como "sacrifício da remissão" ou "sacrifício remissivo":

> Romanos 3:25: "Deus o apresentou como um sacrifício da remissão, através da fé no seu sangue".
>
> 1 João 2:2: "Ele é sacrifício remissivo pelos nossos pecados, e não somente pelos nossos, mas também pelos de todo o mundo".
>
> 1 João 4:10: "Nisto está o amor, não em que nós tenhamos amado a Deus, mas em que ele nos amou a nós, e enviou seu Filho para um sacrifício remissivo pelos nossos pecados".

O significado das palavras "sacrifício da remissão" e "sacrifício remissivo" inclui o conceito de que na apresentação do sacrifício, a ira de Deus é satisfeita, ou seja, que Ele é *aplacado*. Ser aplacado significa simplesmente ter sua ira afastada ou satisfeita.

Por exemplo, imagine que você ficou furioso quando descobriu que seu carro foi vandalizado. Agora, imagine como sua raiva se dissiparia se o adolescente responsável pelo ato de vandalismo batesse à sua porta, consumido pela culpa, pedindo-lhe desculpas e lhe oferecendo uma total reparação. Sem dúvida, a menos que tenha um coração de pedra, perceberia sua raiva se dissolvendo com este ato de reconciliação: desta maneira, você ficaria aplacado ou satisfeito. Esta imagem de remissão sugere que, de maneira similar, Deus está ultrajado com nossos pecados, mas, com a morte de Cristo, sua ira contra nós é aplacada.

Mesmo que expliquemos a remissão como a satisfação da ira de Deus, precisamos tomar cuidado para evitar o risco de colocar um Pai irado contra um Filho misericordioso. Embora possa ser natural achar que pelo fato de Deus estar irado, Ele não consegue agir por amor, a Sagrada Escritura não vai permitir isso. Ao contrário, foi o *Pai* que agiu por amor para nos reconciliar com Ele (5 Coríntios 5:19) através da morte de Seu Filho (João 3:16; 1 João 4:10). Foi o *Pai* que enviou o Filho para aplacar sua ira contra os nossos pecados.

Ainda está confuso? Ninguém disse que seria fácil entender a remissão. Mesmo que não consigamos captar muito claramente a mecânica em nossas mentes, devemos nos esforçar para ser fiéis às imagens que nos foram reveladas. E aqui o ponto-chave é que a remissão é um ato do amor do Pai. Como disse João Calvino: "Pois só depois que nos reconciliamos com Ele através do sangue de Seu filho, Ele começou a nos amar. Na verdade, Ele já nos amava antes de o mundo ser criado, e por isso também pudemos ser Seus filhos juntamente com Seu Filho único".*

---

* John Calvin, *Institutes of the Christian Religion*, vol. 1, ed. John T. McNeill, trans. Ford Lewis Battles. London: SCM Press, 1961, p. 506.

Em lugar da imagem do Pai experimentando a ira no Filho, *A cabana* descreve o Pai *sofrendo com* o Filho! Assim, quando Mack incredulamente pergunta a Papai como Ela pode se solidarizar com sua experiência de perder Missy, Ela olha com tristeza para Suas mãos. "O olhar de Mack seguiu o d'Ela, e pela primeira vez ele notou as cicatrizes nos punhos da negra, como as que agora presumia que Jesus também tinha nos dele. Ela permitiu que ele tocasse com ternura as cicatrizes, marcas de furos fundos, e finalmente Mack ergueu os olhos para os d'Ela. Lágrimas desciam lentamente pelo rosto de Papai" (86; ver também 206). Este tema do sofrimento do Pai está reiterado em outro local no livro. Considere quando Sophia pergunta a Mack:

> "Você não viu os ferimentos em Papai também?"
>
> "Não entendi os ferimentos. Como ele pôde...
>
> "Por amor. Ele escolheu o caminho da cruz, onde a misericórdia triunfa sobre a justiça por causa do amor." (151)

A afirmação de que o Pai foi ferido na cruz, que Ele também foi vítima na morte de Cristo, é impressionante e, por isso, requer ser examinada mais de perto.

Alguns críticos têm acusado estas passagens de modalismo, baseados na afirmação de que o Pai traz as marcas da crucificação. Entretanto, o argumento do texto não é que o Pai era o Filho na cruz, mas que o Pai sofreu *com* o Filho na cruz. Se estas passagens são perturbadoras, não é porque sugerem modalismo, mas porque substituem a ira divina por uma concepção irrestrita do sofrimento divino. Entretanto, o livro é ambíguo com relação à extensão em que Papai está aberto ao sofrimento, visto que Ela também faz afirmações que sugerem que Ela está além do sofrimento: "Por natureza, sou completamente ilimitada, sem amarras. Sempre conheci a plenitude. Minha condição normal de existência é um estado de satisfação perpétuo" (89; ver também 88-89).

Representando os limites da salvação

Quando eu estava crescendo, acreditava que o pináculo do evangelismo está no corajoso pregador de rua que fica ousadamente de pé na esquina da rua proclamando o Evangelho enquanto empurra para cada transeunte pequenos folhetos sobre as Quatro Leis Espirituais. Ser salvo por Cristo significava que a pessoa havia reconhecido seus pecados e aceitado Jesus em seu coração. Hoje entendo que as coisas não são assim tão simples ou, se o forem, pelo menos não há consenso sobre isso dentro da comunidade cristã.

A questão dos limites da salvação vem sendo há muito tempo debatida entre os cristãos. Por isso, não surpreende que a discussão encontre seu caminho também em *A cabana*. Considere a seguinte conversa entre Jesus e Mack:

> "Os que me amam estão em todos os sistemas que existem. São budistas ou mórmons, batistas ou muçulmanos."
>
> "Isso significa que todas as estradas levam a você?"
>
> "De jeito nenhum", sorriu Jesus ... "O que isso significa é que eu viajarei por qualquer estrada para encontrar vocês." (169)

Esta conversa desencadeou uma grande quantidade de debate. Exatamente o que ela diz sobre a salvação? Essa mensagem é compatível com a convicção cristã?

Alguns críticos têm acusado *A cabana* de pluralismo, ou seja, a visão de que há muitas maneiras de se ser salvo, e Jesus é apenas uma delas. Embora esta seja uma visão popular em nossa cultura pluralística contemporânea, não é compatível com a crença cristã na unicidade de Cristo (João 14:6; Atos 4:12). Felizmente, o pluralismo não é encontrado em *A cabana*. Como Jesus deixa claro para Mack, se você está salvo, isso significa que Jesus encontrou você!

O que está realmente em questão é *como* a salvação vem através de Cristo. A visão com a qual fui criado diz que as pessoas devem conhecer Jesus e fazer a oração do pecador para serem salvas. Esta é uma forma de exclusivismo segundo a qual uma pessoa precisa ouvir o Evangelho para ser salvo por ele (ver Romanos 10:8-15). Embora o exclusivismo tenha sido a posição predominante na história da Igreja, sempre há uma minoria de opinião conhecida como *inclusivismo*. Segundo esta visão, uma pessoa pode ser salva por Cristo sem ter ouvido o nome de Cristo. A maioria dos cristãos já é exclusivista em relação à salvação dos crentes no Velho Testamento, nos bebês e nos gravemente retardados. Então, isso também não pode ser verdadeiro com relação a algumas almas perdidas em terras distantes que nunca ouviram o Evangelho?

A cabana provoca em nós algum *insight* sobre estas questões? Bem no início do livro, quando Mack está conversando com Missy sobre a morte de Jesus, ela pergunta sobre a ideia de Deus na lenda da princesa Multnomah:

> "O Grande Espírito é outro nome para Deus? Você sabe, o pai de Jesus?"

Mack sorriu no escuro. Obviamente as orações noturnas de Nan estavam surtindo efeito.

"Acho que sim. É um bom nome para Deus, por que Ele é um espírito e é grande." (33)

Será que a resposta de Mack apoia o inclusivismo? Afinal, isso implica que os nativos americanos que nunca ouviram o Evangelho ainda tinham algum conhecimento de Deus. Embora isto seja verdade, o texto não diz nada sobre se esse era um conhecimento *salvador*. Nesse aspecto, a afirmação de Mack de que o "Grande Espírito" é o Deus cristão não é diferente do argumento de Paulo de que o Deus Desconhecido na Colina de Marte é o Deus Cristão (Atos 17:23).

Uma ambiguidade similar acompanha a conversa anterior de Jesus com Mack. Considere novamente suas palavras: "Os que me amam estão em todos os sistemas que existem. São budistas ou mórmons, batistas ou muçulmanos" (169). Isto pode significar que há budistas, mórmons e muçulmanos (até batistas!) que serão salvos por Cristo, talvez todos eles (exceto os batistas) sem um conhecimento prévio de Cristo. Mas observe a ambiguidade. Jesus não diz que eles foram salvos como budistas, mórmons e muçulmanos. Em outras palavras, isto pode não expressar nada além da intenção de Deus de ter discípulos de todas as nações (Mateus 28:19), uma confissão que é totalmente compatível com o exclusivismo. Poderia parecer que o livro não está tão preocupado em delimitar a extensão precisa da aplicação potencial da remissão de Cristo quanto em afirmar que a remissão é o único meio de reconciliação com Deus, um ato enraizado no amor de Deus por todos os seus filhos (150).

Para fechar, vamos voltar à declaração evocativa de que até mesmo alguns batistas serão salvos por Cristo. Embora se possa considerar isso uma desvalorização audaciosa da Igreja organizada, me parece mais uma advertência muito lúcida de que nunca devemos achar que "chegamos" simplesmente porque nos identificamos como cristãos. Paulo ordenou que nos testássemos para ver se realmente permanecemos na fé (2 Coríntios 13:5). Esta é certamente uma boa prática, pois, segundo a parábola das ovelhas e dos bodes (Mateus 25:31-46), pode haver muitos batistas (e luteranos, católicos e pentecostais) que corajosamente se aproximam do trono como bodes orgulhosos, apenas para se verem condenados "ao fogo eterno, preparado para o diabo e seus anjos" (Mateus 25:41).

Indo mais fundo

1. Um tema-chave em *A cabana* é que Deus gosta especialmente de *todos*, e por isso Cristo morreu por todas as pessoas (1 João 2:2). Como isto pode ser conciliado com textos que sugerem que Cristo só morreu pela Igreja (João 10:11; Atos 20:28; Efésios 5:25)?
2. Sophia desafia a crença de Mack de que Deus escolhe algumas pessoas para irem para o inferno (149). Mas se Deus conhece o futuro e por isso cria algumas pessoas sabendo que elas vão escolher o inferno, Ele indiretamente não escolheu o seu destino?
3. O que você acha da ideia de que a ira de Deus estava em Cristo? Você prefere a descrição de *A cabana* do Pai sofrendo *com* Cristo?
4. Você acredita que as pessoas podem ser salvas por Cristo sem nunca terem ouvido o Evangelho? Que base bíblica haveria para essa concepção? Ela apresenta alguns perigos específicos?

CAPÍTULO 6

QUANDO TUDO SERÁ RENOVADO

EM 1990, A NASA posicionou para trás as câmeras da sonda espacial Voyager 1 para que fotografassem o planeta que ela havia deixado treze anos antes. Desta distância, bem longe, no limite do sistema solar, a Terra parecia ser um ponto fraco e azul, quase invisível em um mar de estrelas e escuridão total. Entretanto, essas imagens humildes que a Voyager mandou para a Terra eram de grande significado existencial, pois nenhum ser humano jamais viu a Terra colocada em comparação com seu pano de fundo cósmico. Podia ser apenas um ponto, mas era o *nosso* ponto. Como declarou Carl Sagan: "Olhem de novo esse ponto. É aqui. É o nosso lar. Somos nós. Nele estão todos os que vocês amam, todos os que vocês conhecem, todos de quem já ouviram falar, todos os seres humanos que já existiram viveram aqui suas vidas".*

Bilhões de vidas chegaram e partiram deste humilde globo, "cada 'superastro', cada 'líder supremo', cada santo e pecador da história de nossa espécie viveu aqui – em uma partícula de poeira suspensa em um raio de sol".** Dentro deste vasto universo há uma partícula de poeira quase imperceptível, no entanto, para nós, ela é de inestimável importância, lar de grandes cidades, civilizações magníficas, extinções em massa, guerras terríveis, picos cobertos de neve, florestas fechadas, eras glaciais... e uma bela criança muito breve captando tudo isso. Enquanto ansiamos pela redenção das muitas vidas que povoam este globo, será que há espaço para a esperança e também para este pálido ponto azul?

Sobre a própria ideia de salvar a Criação

Lamentavelmente, em raríssimas ocasiões esta questão tem sido considerada por muitos cristãos que aprenderam uma visão muito deformada da vida após a morte, segundo a qual, como diz a canção do pioneiro do *rock* cristão, Larry Norman, estamos apenas visitando este planeta. Segundo esta visão pessimista, a Criação está condenada apenas à destruição. Nesse meio-tempo, estamos paralisados aqui esperando pela conclusão de uma operação de resgate

* Carl Sagan, *Pale Blue Dot: A Vision of the Human Future in Space*. New York: Random House, 1994, p. 6. [Ed. bras.: *Pálido ponto azul*. São Paulo: Companhia das Letras, 1996.]

** Carl Sagan, *Pale Blue Dot*, 6.

cósmico. Segundo esta noção popular, Jesus foi para a morada de seu Pai para preparar um lugar para nós na grande mansão celeste (João 14:2-3), embora, em nosso individualismo, a promessa tenha se transformado em uma grande subdivisão de mansões, uma para cada santo! E então, quando chegar o momento certo, Jesus voltará para a Igreja e "seremos arrebatados juntamente com eles nas nuvens, para encontrar o Senhor nos ares, e assim estaremos sempre com o Senhor" (1 Tessalonicenses 4:17). Nessa altura, a cortina é erguida para o destino final do mundo. Enquanto os santos remidos assistem de uma distância segura, desenvolve-se uma grande sinfonia de destruição: "Os céus passarão com grande estrondo, e os elementos, ardendo, se desfarão, e a terra, e as obras que nela há, se queimarão" (2 Pedro 3:10). Jeová! Pegue essa terra!! E assim esta pálida mancha azulada será varrida para sempre do horizonte.

Tendo por base estas suposições, muitos cristãos têm sido claramente amargos com respeito à Criação, se apropriando com autoconfiança da advertência de João: "Não ameis o mundo, nem o que no mundo há" (1 João 2:15). Nesta concepção, os seres humanos são a eterna menina dos olhos de Deus. Quanto à Criação, ela não é nada além disso. Com esta visão negativa da Criação, é realmente surpreendente ouvir Jesus compartilhar com Mack seu profundo carinho pelo mundo. A conversa é estimulada quando Mack expressa admiração por toda a beleza que o cerca. Em resposta, Jesus comenta com tristeza: "E você pode imaginar o que seria se a Terra não estivesse em guerra, lutando tanto para simplesmente sobreviver?" (131).

Será que pode haver nestas palavras uma sugestão de que podemos esperar por algo mais para a Criação? Será que o amor por este mundo (e na verdade por toda a Criação) pode não ser uma distribuição equivocada de afeto, mas um reflexo do amor de

Deus por sua obra? Enquanto continuam sua conversa, Jesus explica a Mack que seu cuidado, na verdade, abrange todo o cosmo. Durante muito tempo, explica Ele, a Terra vagou solitária como uma criança sem pais, enquanto os seres humanos, que foram escolhidos para guiá-la, em vez disso começaram a saqueá-la.

Estas palavras são certamente uma surpresa para Mack, que há muito havia assumido a visão comum da Criação como se assemelhando a um prédio condenado esperando o pessoal da demolição. Entretanto, isto é demais para ser digerido de uma sentada. Por isso, Mack busca hesitantemente mais esclarecimentos, perguntando se Jesus é um ecologista. Em resposta, Jesus lhe faz uma descrição apaixonada da Criação: "Esta imensa bola verde-azulada no espaço negro, cheia de beleza mesmo agora, espancada, abusada e linda" (132).

O amor de Jesus pela Criação é claro. Embora maltratada e vítima de abuso, ela ainda é criação dele, a única que ele fez com suas próprias mãos (João 1:3; 1 Coríntios 8:6; Colossenses 1:16). E pensar que o tempo todo em que Jesus estava falando com Mack ele estava também mantendo vivas todos os 100 bilhões de galáxias (Colossenses 1:17; Hebreus 1:3)! Surpreende alguém que Jesus sinta um certo sentimento de posse em relação à sua Criação? Na verdade, ele é absolutamente possessivo! Como disse certa vez Abraham Kuyper: "Não há um centímetro quadrado de toda a Criação pelo qual Jesus Cristo não tenha gritado: 'Isto é meu! Isto pertence a mim!'".* Se esta Criação foi obra sua e ele a mantém,

* Citado em Richard J. Mouw, *Uncommon Decency: Christian Civility in an Uncivil World*. Downers Grove, IL: InterVarsity Press, 1992, p. 147.

então por que não a quereria salvá-la toda, inclusive nosso pálido ponto azul(132)? Será que, "por Deus amar tanto o mundo", não poderia abranger simplesmente os habitantes do mundo, mas na verdade o próprio mundo em si?

REDIMINDO *A CABANA*

A cabana é uma velha construção na floresta do Oregon que serve de pano de fundo para a morte de Missy e o encontro de Mack com Deus. Mas é também um símbolo para aqueles lugares de sofrimento privado em que enterramos nossas mágoas mais profundas. Esta concepção privada e terapêutica da cabana também se aplica ao trabalho de Sarayu no jardim, que, como ela explica, representa o caos e a beleza da alma de Mack (125-126). Possivelmente, então, quando Missy é enterrada no jardim, isso represente a cura interna que é proporcionada a Mack e sua antecipação de uma reunião com sua amada filha. Visto desta perspectiva, todo o fim de semana representa um profundo diário interior de cura e crescimento espiritual, não diferente de *O castelo interior*, de Teresa de Ávila.

Entretanto, *A cabana* não diz respeito apenas à jornada introspectiva de um indivíduo. Ainda que a cabana e o ambiente que a cerca representem a vida interior de Mack, eles também constituem um vislumbre muito público da cura que Deus está proporcionando a toda a Criação. Vamos voltar àquele momento em que Mack, tendo encontrado a cabana vazia, está subindo a trilha de volta à camionete. De repente, ele é envolvido por um estranho fluxo de ar quente. Quando se volta, surpreso, a floresta invernal começa a se transformar milagrosamente diante de seus olhos como se o início da primavera começasse a se processar em uma questão de segundos. A neve rapidamente se dissolve, revelando uma vegetação exuberante, enquanto os grandes flocos de neve que estavam caindo na terra são agora substituídos por minúsculas flores que descem preguiçosamente para o chão. Em minutos, o ferrolho do inverno na terra foi rompido e a primavera retornou. (Um leitor de C. S. Lewis certamente deve encontrar aqui alguma ressonância com a libertação de Nárnia da tirania invernal da Bruxa Branca!)

Mas a maior surpresa ainda está por vir quando Mack se volta para contemplar a cabana dos horrores, pois ela parece ter sido "substituída por um chalé sólido e lindamente construído com troncos descascados à mão, cada um deles trabalhado para um encaixe perfeito" (72). Em vez daquele barraco deteriorado e desmantelado, Mack vê agora uma cabana completamente nova que complementaria qualquer estação de esqui da moda. Mas as coisas não eram exatamente o que pareciam. Depois que Mack passou algum tempo admirando esta bela nova cabana, entrou na sala e começou a ponderar: "Será que este era o mesmo lugar? Estremeceu diante do sussurro dos pensamentos sombrios à espreita e trancou-os de novo" (80). Entretanto, quando Mack examina a sala, sua irritante suspeita se confirma: *é* a mesma cabana: "Olhou para a sala de estar procurando o local perto da lareira, mas não encontrou nenhuma mancha" (80). Em outras palavras, embora a construção parecesse diferente, o espaço interior ainda incluía o local próximo a lareira onde foi encontrado o vestido ensangüentado de Missy. Apesar do aspecto radicalmente diferente, esta cabana de troncos confortável era na verdade a mesma cabana!

O mesmo tema da transformação se aplica à paisagem que cerca a cabana. Mack observa a cena circundante onde três anos e meio antes cães policiais e agentes do FBI esquadrinharam a área buscando desesperadamente algum sinal de sua filha. Embora a cena seja visivelmente diferente, ainda é a mesma floresta: "Nos momentos finais do crepúsculo, Mack podia ver a margem rochosa do lago, não cheia de mato alto como ele recordava, mas lindamente cuidada e perfeita como uma pintura" (99). É o mesmo lago, mas a margem rochosa já não é assustadora e caótica; ao contrário, foi proporcionada ordem a este mundo. Embora a floresta circundante, o lago e a montanha tenham mudado significativamente, este é o mesmo local bucólico da floresta.

Não só tudo está diferente aqui, mas está também mais real: os bolinhos são mais deliciosos, as estrelas mais brilhantes, o lago mais sereno, as montanhas mais majestosas. Quando Mack entra na beleza selvagem do jardim de Sarayu, é envolvido por aromas "tão fortes que quase dava para sentir o gosto" (118). Não só tudo está mais real, mas tudo está da maneira que deveria ser. Há uma verdadeira paz na Criação. Na verdade, a Criação nesta forma faz um contraste marcante com o mundo ao qual Mack retorna quando desperta deste fim de semana. Ele até reflete sobre isso depois do seu retorno. "Era mais como se estivesse de volta ao mundo irreal" (221). Vemos aqui a promessa de que Deus não apenas salvará a Criação, mas, assim fazendo, a transformará em algo muito maior, aquilo que sempre foi o Seu propósito para ela.

Então, a incrível lição é que Deus não está simplesmente trabalhando para salvar Mack, Missy e até mesmo o Matador de Meninas. Ao longo do caminho, ele também pretende salvar aquela humilde cabana decrépita, o Willamette Valley, o Wallowa Lake, a cidade de Joseph, Multonamah Falls, e o resto da Criação distorcido pela degradação. O escopo extraordinário do apelo deve nos comover, mesmo que nos leve a rezar: cada ação, cada evento, está perfeitamente alinhavado para fazer valer os propósitos de Deus em Sua Criação.

Redescobrindo a esperança do mundo

Esta visão pode ser atrativa, mas será que há razão para pensar que Deus realmente não pretende curar toda a Criação? Na verdade, uma análise mais detalhada da Sagrada Escritura vai confirmar a visão otimista de *A cabana*, ao mesmo tempo em que expõe o quadro familiar de uma vida etérea no céu como um truncamento grosseiro do Evangelho.

Os problemas começam com o fato de que os funerais cristãos raramente se referem à esperança da ressurreição, optando em vez disso por falar quase exclusivamente sobre a alma estando com Jesus. Mas de onde veio esta ideia? A esperança consistente da Sagrada Escritura é que nossos corpos mortais ressurgirão como corpos espirituais (1 Coríntios 15:42-44; ver também Isaías 26:19; Daniel 12:2). Além disso, como o corpo da ressurreição de Jesus é o primeiro fruto da ressurreição (1 Coríntios 15:20), podemos aprender sobre o nosso corpo futuro olhando para o dele. Em alguns pontos, o corpo da ressurreição de Jesus parece ser diferente: por exemplo, ele não foi imediatamente reconhecido por vários daqueles que ele encontrou (Lucas 24:31). No entanto, duas coisas estão claras. Primeiro, foi o mesmo corpo que tinha sido crucificado na sexta-feira que ressuscitou no sábado. (Do contrário, a tumba não teria sido encontrada vazia!) Esta identidade foi confirmada quando Jesus convidou Tomé a examinar as cicatrizes em Suas mãos e em Seu flanco (João 20:27)! Então, se Jesus recebe o mesmo corpo (embora glorificado), também nós receberemos. Segundo, seu corpo foi físico para que pudesse ser tocado pelas pessoas e até mesmo comer peixe diante delas (Lucas 24:39). Da mesma maneira, nossos corpos glorificados também serão físicos.

Isto levanta uma questão importante: onde pessoas muito físicas vão passar a eternidade? Certamente, não em um céu etéreo, de onde cairiam através das nuvens! E com isto voltamos à Sagrada Escritura para descobrir que o quadro mais pleno do futuro está na promessa de um novo céu e de uma nova terra: "Porque, eis que Eu crio novos céus e nova terra; e não haverá mais lembrança das coisas passadas, nem mais elas virão à mente" (Isaías 65:17; ver também Isaías 66:22; Pedro 3:13; e Apocalipse 21:1-3). Mas este céu e esta terra serão completamente novos ou, como sugere *A cabana*, serão como nossos corpos que o velho mundo renovou? Embora alguns tenham indicado imagens de fogo para concluir que este futuro do mundo é a completa destruição (2 Pedro 3:10-13), eu diria que o fogo desta passagem não representa a destruição, mas sim a purificação (como em Isaías 48:10).

Em apoio ao entendimento da Criação como renovada, considere a profunda observação de Paulo: "Porque a ardente expectação da criatura espera a manifestação dos filhos de Deus. Porque a Criação ficou sujeita à vaidade, não por sua vontade, mas por causa do que a sujeitou, na esperança de que também a mesma criatura será libertada da servidão da corrupção, para a liberdade da glória dos filhos de Deus" (Romanos 8:19-21). Esta passagem ensina que a Criação se degradou juntamente com a degradação humana; ela foi tragicamente atrasada pelos próprios indivíduos que se comprometeram a administrá-la. Mas há esperança, pois Deus promete libertar esta Criação da mesma maneira que está libertando seus filhos. Assim, Ele vai nos levar de volta à plenitude da vida dentro d'Ele. Como diz Papai: "Bem, Mack, nosso destino final não é a imagem do Céu que você tem na cabeça. Você sabe, a imagem de portões adornados e rãs de ouro. O Céu é uma nova purificação do universo, de modo que vai se parecer bastante com isto aqui" (164).

Embora a visão de uma Criação renovada de *A cabana* seja absolutamente admirável, em um ponto é um pouquinho decepcionante, pois a harmonia da Criação é interrompida pelo consumo de carne. A primeira refeição de Mack na cabana inclui uma ave assada não identificada (96), enquanto seus dois desjejuns incluem bacon (107, 204). Além disso, ele é encorajado a ir pescar (79, 80); na verdade, quando Jesus e Mack estão atravessando o lago, Jesus persegue animadamente um peixe que ele vem tentando pegar há semanas (162, 163). O problema destes incidentes é que o desejo de Deus de redimir a Criação parece incluir os animais. Observe primeiro que a intenção inicial de Deus era que os seres humanos e todos os outros animais fossem vegetarianos (Gênesis 1:29-30); comer animais é, portanto, uma concessão do nosso mundo decaído (Gênesis 9:3). Quando Deus redimir o mundo, a predação vai acabar e ser substituída pela paz entre os animais e também entre os homens (Isaías 11:6-9, 65:25). É uma pena que *A cabana* não tenha explorado este tema em sua visão de uma Criação renovada e restaurada.

Deixando de lado esta crítica relativamente pouco importante, *A cabana* nos atrai para além do nosso sofrimento e do nosso pecado para contemplar o lugar da nossa salvação dentro de um universo que Deus também deseja salvar. Deus promete não apenas responder às queixas e secar as lágrimas de seus amados seres humanos, mas também de seu amado e pálido ponto azul (Colossenses 1:19-20).

Indo mais fundo

1. O que você acha da ideia de que os cristãos não vão viver no céu quando morrerem, mas sim habitarão um novo céu e uma nova terra?
2. Se entendemos a renovação da Criação como uma forma de salvação (Romanos 8:19-21), então como podemos trabalhar para salvar o mundo?
3. Qual você acha que seja o lugar dos animais na nova Criação? Você acha possível voltar a se encontrar com um animal de estimação querido?

POSFÁCIO

A CHEGADA DO SEU REINO

É POSSÍVEL EXTRAIR TEOLOGIA DE um romance? Ao contrário dos sentimentos céticos da crítica que encontramos em Considerações Finais, parece ser possível. Na verdade, nossas conversas em seis capítulos demonstraram que *A cabana* está repleta de questões e conceitos teológicos fascinantes. Não há nada tão profundo quanto o conceito de Deus, e poucas coisas tão chocantes quanto a noção de que o Criador de todas as coisas desceria ao nosso nível e se revelaria para nós de uma maneira mais pessoal e íntima. Este conceito da acomodação divina é belamente capturado em *A cabana*, quando Papai desce ao nível de Mack para encontrá-lo em seu mais profundo sofrimento com o abraço curador de uma mãe. E este abraço maternal é um convite a experimentar a realidade igualmente incrível de Deus como uma comunidade amorosa de três pessoas, uma verdade que muito frequentemente tem sido relegada à periferia da vida na Igreja. É claro que a descrição de Deus no romance não é perfeita; por exemplo, parece subenfatizar as concepções bíblicas de soberania e ira; mas então eu desafiaria a crítica a acender uma vela na escuridão oferecendo sua própria descrição narrativa da realidade da Santíssima Trindade. Como se verá, não é fácil! Talvez o máximo que possamos esperar é conseguir vislumbres da beleza, da harmonia e do amor condicional no coração de Deus. *A cabana* apresenta, na verdade, alguns vislumbres fascinantes.

Por mais profundas que sejam as questões levantadas pelo conceito de Deus, elas se tornam ainda mais desconcertantes quando encontram o incrível sofrimento que tão frequentemente assalta este mundo. Como podemos ligar o Deus amoroso revelado em *A cabana* ao assassinato de uma criança inocente? Como vimos, é neste ponto que várias tentativas teóricas tentam reconciliar Deus com o mal, algo muito atrativo em termos abstratos, mas que se torna chocante quando aplicado ao sofrimento de determinadas vidas. A tensão não resolvida no cerne do livro está visível na insatisfação de alguns leitores que se queixaram (comigo) de que Missy não é milagrosamente trazida de volta à vida. Por que Missy, como os filhos de Jó, precisa permanecer morta? Por que é negado a Mack um abraço real, sendo obrigado, em vez disso, a olhar sua amada filha através de um véu? Aqui somos desafiados a ir além dos limites da teodiceia e abraçar a disciplina da esperança paciente e devota. Talvez a lição final de *A cabana* seja que devemos continuar descontentes com este mundo, não porque estamos destinados a deixá-lo, mas porque ansiamos experimentar o toque de cura final de Deus quando Seu reino assumir o poder. Mesmo em meio ao sofrimento não resolvido, somos desafiados a abraçar a esperança que Jesus compartilha com Mack: "Por enquanto, a maior parte das coisas que existem no universo só será vista e desfrutada por mim como telas especiais guardadas nos fundos do ateliê de um pintor. Mas um dia..." (131)

CONSIDERAÇÕES FINAIS

Devemos entrar na cabana?

Sentei-me para ler *A cabana* depois de receber várias consultas de pastores e seminaristas que leram ou ouviram falar sobre esse fenômeno editorial. Além de ter vendido quase 5 milhões de cópias em menos de dois anos, o livro tem sido tema de muita aclamação e crítica. Eu já tinha conhecimento do enredo básico: Mackenzie Phillips recebe um bilhete em sua caixa de correio assinado por "Papai" (o nome pelo qual sua esposa chama Deus), convidando-o para um encontro na cabana. A cabana é o lugar onde sua filha caçula, Missy, foi morta após ter sido sequestrada por um assassino serial quatro anos antes. Depois de aceitar esse convite, Mack passa um fim de semana inesquecível com Deus, durante o qual vê restaurado seu relacionamento com Papai e começa a ser curado da grande tristeza provocada pela morte de Missy.

Embora eu já conhecesse a premissa básica do livro, quando finalmente o li fiquei abalado pela ousadia da narrativa quando William P. Young confrontou o mal em toda a sua feiúra. Em uma época em que muitas livrarias cristãs estão repletas de volumes sobre a "vida cristã vitoriosa", mas poucos – se é que algum – sobre a noite escura da alma, *A cabana* se destacava, obrigando o leitor a confrontar um crime verdadeiramente inimaginável. E o mais impressionante é que a narrativa não terminava com um apelo completo por justiça para todos, mas, em vez disso, pressionava o leitor para a possibilidade de que, no mundo de Deus, o perdão deveria se estender até mesmo ao assassino de Missy. Este tratamento profundo e ousado do mal era complementado por uma descrição de Deus notável em sua inovação e sofisticação teológica.

Eu estou, e sempre estive, interessado em ler, discutir e debater questões de teologia. Como professor de teologia e escritor, tenho tido esta oportunidade com muita frequência. Infelizmente, a teologia sofre de um sério problema de relações públicas, o que fica evidente toda vez que me apresento como teólogo. Quando menciono o que faço, meu novo conhecido em geral exibe uma expressão aflita e um tanto desesperada, como se se preocupasse com o que dizer em seguida. Infelizmente, isto também descreve a reação de muitos cristãos, e temo que reflita uma sociedade contemporânea que muito frequentemente permite que os negócios sobrepujem a reflexão sobre o significado da vida.

A situação me recorda o filme *Jack Frost*, que conta a história inverossímil de um homem chamado Jack Frost (protagonizado por Michael Keaton), que morre em um acidente de automóvel na véspera do Natal. Um ano depois, ele retorna para sua esposa e filho enlutados reencarnado como um boneco de neve! Ora, se você se deparasse com seu pai morto reencarnado como um boneco de neve não iria imediatamente interrogá-lo sobre a natureza da vida após a morte, o significado da vida, a natureza de Deus – alguma coisa nessa linha? Mas o jovem filho de Jack, Charlie, está mais preocupado em recrutar seu pai boneco de neve para vencer os valentões do bairro em uma guerra de bolas de neve. Ele está tão preocupado com trivialidades que nunca levanta sequer uma questão importante nas conversas com seu pai. Embora possamos achar difícil entender a falta de interesse de Charlie pela insólita vida após a morte de seu pai, o fato é que há muitos "cristãos Charlie Frost", que estão mais preocupados com os equivalentes triviais aos valentões e às guerras de bolas de neve do que com as questões mais importantes da vida.

Por que *A cabana* é uma história *e* uma teologia?

Quando dizia às pessoas que estava escrevendo a resposta de um teólogo a *A cabana*, a maioria reagia com um misto de entusiasmo e curiosidade. Entretanto, um admirador do livro ficou bem menos impressionado. Depois de escutar minha intenção, me lançou um olhar furioso: "É um romance, e você não pode extrair teologia de um romance!".

Admito que na época esse comentário me frustrou. No entanto, quanto mais eu refletia sobre sua bendita honestidade, mais reveladora ela me parecia. Aqui, em uma frase concisa, estava a expressão sucinta de uma atitude mantida por muitas pessoas: a suspeita de que a teologia é simplesmente irrelevante.

William P. Young reconhece que a melhor maneira de engajar o desinteresse espiritual e o ceticismo teológico não é através de uma conferência, mas de uma história. E assim, página por página, ele nos atrai para uma conversa sobre os tópicos que deveriam estar no centro da nossa atenção: O que acontece depois que morremos? Por que existem a morte e o mal? Qual é o significado da vida? Quem é Deus? E, à medida que seguimos a história, nos tornamos teólogos talvez sem nem sequer perceber.

Quando Mack recebe o bilhete de Papai, ele fica justificadamente cético. Afinal, sua educação no seminário ensinou-lhe que Deus já não fala diretamente com as pessoas. Se Mack tivesse ouvido seus professores do seminário, teria perdido um encontro de fim de semana com Deus... e nós teríamos perdido um grande romance!

A formação teológica de Mack também não o redime nos dois dias seguintes. Ao contrário, ela se mostra consistentemente tão útil quanto um guarda-chuva de coquetel em uma tempestade. O comentário de Mack para Sarayu (o Espírito Santo) chama a atenção para a enorme inadequação de toda a sua educação teológica: "Eu tinha as respostas certas algumas vezes, mas não conhecia vocês. Este fim de semana, compartilhando a vida com vocês, foi muito mais esclarecedor do que todas aquelas respostas" (Young, 2008, 185). A última coisa que precisamos é de mais "respostas certas". Em vez disso, precisamos do que Mack experimentou: o conhecimento de Deus. Assim, não foi difícil detectar na reação do meu crítico um indício de proteção. Afinal, a última coisa que os admiradores do livro precisam é de um teólogo destruindo a experiência de Deus, que muitos encontraram nessa história, com tanta análise irrelevante e indesejada.

Esta reação do crítico às aspirações do teólogo me lembrou uma censura similar que tem sido ocasionalmente lançada contra a investigação científica. Segundo essa crítica, os cientistas destroem a experiência que o poeta e o filósofo têm do mundo, oferecendo uma análise científica fria e reducionista. Certa vez, o físico Richard Feynman deu uma resposta providencial a esta crítica. Tudo começou quando ele foi interpelado por um amigo artista que começou a falar poeticamente sobre a beleza de uma flor. Mas, então, queixou-se o artista, quando o cientista considera aquela mesma flor, ele descarta a experiência de sua beleza poética e a reduz a uma descrição fria e tediosa. A queixa desse artista é comum entre muitas pessoas que temem que a ciência tenha desencantado o mundo.

Feynman respondeu, declarando que seu amigo não captou o sentido exato da posição da ciência. O fato é que a descoberta científica não fecha a porta para a beleza do mundo, e sim abre novas portas para a beleza até então nem sequer imaginadas!

> Acho que, antes de tudo, a beleza que o artista vê está disponível para outras pessoas e para mim também, embora eu possa não ser tão esteticamente refinado quanto ele; mas consigo apreciar a beleza de uma flor. Ao mesmo tempo, vejo muito mais do que ele na flor. Consigo imaginar as células nela presentes, as ações complicadas em seu interior, que também têm uma beleza. Quero dizer que não há beleza apenas nesta dimensão de um centímetro; há também beleza em uma dimensão menor, na estrutura interna ... Todos os tipos de questões interessantes que mostram que o conhecimento da ciência

só aumenta a excitação, o mistério e o assombro de uma flor. Só aumenta; não vejo como ela possa subtrair.*

Da mesma maneira que a ciência, entendida da maneira adequada, promete enriquecer nossa apreciação da beleza de uma flor, também acredito que a teologia possa enriquecer nosso entendimento e nossa experiência de Deus. E isso inclui a experiência que muitos têm acalentado quando lêem *A cabana*. O fato é que, sob a superfície desta história cativante, está uma estrutura interna de temas teológicos igualmente cativantes e belos. Nos próximos capítulos vamos penetrar na complexidade labiríntica destes temas e questões, à medida que formos penetrando mais profundamente no mistério divino que está no cerne de *A cabana*.

POR QUE ESTE TEÓLOGO GOSTA ESPECIALMENTE DE *A CABANA*?

Como teólogo, tenho uma grande razão para gostar especialmente de *A cabana*. Para apreciar a fonte da minha gratidão, preciso dizer algumas palavras sobre a teologia acadêmica nos últimos quarenta anos. (Confie em mim, isto não será tão maçante quanto parece!) Nossa história se inicia no ano de 1967, quando o teólogo católico Karl Rahner publicou um pequeno livro chamado *The Trinity*. Ali, Rahner declarou: "Apesar de sua confissão ortodoxa da Trindade, os cristãos são, em sua vida prática, quase meros 'monoteístas'. Devemos estar dispostos a admitir que, se a doutrina da Trindade

---

* Richard P. Feynman, *The Pleasure of Finding Things Out: The Best Short Works of Richard P. Feynman*, ed. Jeffrey Robbins, Cambridge, MA: Perseus Books, 1999, p. 2.

tivesse de ser descartada como falsa, a maior parte da literatura religiosa poderia muito bem continuar virtualmente inalterada".*

Chamando os cristãos de "quase meros monoteístas", Rahner quis dizer que suas crenças a respeito de Deus não diferem significativamente de outras formas de monoteísmo, como o judaísmo e o islamismo. Mas como pode ser isso se, como dizem os cristãos, a própria base da sua fé em Deus é encontrada na doutrina da Trindade? A declaração surpreendente de Rahner realmente chocou os teólogos, enquanto eles ponderavam como a doutrina que supostamente está no centro da nossa fé pode estar, na verdade, em algum outro lugar na sua periferia.

A Trindade é importante?

Em vez de simplesmente aceitar a palavra de Rahner, eu sugeriria que testássemos sua tese através de uma pequena experiência. Imagine que o pastor de uma igreja batista típica tenha se convencido de que a Trindade é falsa. Em vez de acreditar que Deus é três pessoas, ele passasse a acreditar que Deus é uma pessoa que desempenha três papéis: às vezes Ele age como o Pai, outras vezes age como o Filho e outras vezes ainda como o Espírito Santo. Esta concepção é chamada de *modalismo* e, desde o século III, tem sido considerada uma heresia pela Igreja Católica.

Ora, se a doutrina da Trindade for realmente importante, esperaríamos que sua rejeição por parte do pastor em favor do

* Karl Rahner, *The Trinity*, trans. Joseph Donceel. Tunbridge Wells: Burns and Oates, 1970, p. 10-11.

modalismo provocasse ondas de choque por toda a Igreja. Mas será que aconteceria isso mesmo? Eu duvido. Ao contrário, desconfio que, enquanto ele continuasse a mencionar o Pai, o Filho e o Espírito Santo, não importaria se ele acreditava ou não que eram todos a mesma pessoa. A Igreja continuaria como sempre foi, com seus serviços semanais, representações de Natal, refeições comunitárias e vários ministérios. Em contraste com isso, se o nosso pastor batista batizasse um bebê no domingo, aposto que se teria uma Igreja dividida na segunda-feira! Mas isto certamente é estranho: por que uma questão periférica relacionada à prática do batismo seria mais importante para a identidade da Igreja do que a doutrina supostamente essencial da Trindade?

Os teólogos sabiam que Rahner estava certo. Embora afirmássemos ser cristãos trinitários, esta doutrina não faz diferença para a vida da Igreja. Mas, então, os teólogos enfrentaram o desafio de tornar a Trindade novamente importante. Eles enfrentaram este desafio fazendo o que os teólogos fazem melhor: escreveram livros. Milhares de livros. Milhares e milhares de livros. Alguns a respeito da base bíblica da Trindade. Outros versando sobre as dimensões teológicas ou filosóficas da Trindade. Outros ainda discutindo o desenvolvimento histórico da Trindade. E outros mais falando sobre a prática e as implicações pastorais da Trindade.*

---

* Para alguns exemplos de orientação mais prática e tratamentos acessíveis, ver Millard Erickson, *Making Sense of the Trinity: Three Crucial Questions*. Grand Rapids, MI: Baker, 2000; Robin Parry, *Worshipping Trinity*. Carlisle: Paternoster, 2005; Bruce A. Ware, *Father, Son, and Holy Spirit: Relationships, Roles & Relevance*. Wheaton, IL: Crossway, 2005.

Muitos desses livros merecem ser lidos. Na verdade, alguns são bons o bastante para serem qualificados como clássicos modernos. Entretanto, a maioria deles só foi lida por outros teólogos, o que significa que eles não tiveram virtualmente nenhum impacto sobre a Igreja da comunidade. Como resultado, permanecemos parados no mesmo lugar em que estávamos quarenta anos atrás: poucos pastores sabem como pregar a Trindade, poucos frequentadores da Igreja sabem como rezar para a Trindade, e quase nenhum sabe o que significa viver a Trindade.

A esta altura, você deve estar pensando se a doutrina da Trindade *algum dia* fez diferença para a Igreja. A resposta é sim, ela fez: a tocha ardente da verdade cristã foi muito mais brilhante no passado. Para citar um exemplo, se pudéssemos entrar em uma máquina do tempo e viajar de volta ao Império Romano do século IV, encontraríamos uma sociedade que debatia a teologia com o mesmo vigor que atualmente os canadenses debatem o hóquei. Naquela época, grandes questões estavam em pauta quando os cristãos debatiam uma concepção herética chamada arianismo, que dizia que Jesus era a maior criação de Deus.

O feroz debate público entre o cristianismo ortodoxo e o arianismo consumia de tal modo o público em geral que as pessoas entravam em debates teológicos diante da mais leve provocação. Estranhos nas ruas travavam debates encarniçados sobre várias passagens da Sagrada Escritura: por exemplo, como devemos entender a afirmação de que Jesus é o "filho unigênito de Deus" (João 3:16)? O texto significava, como declaravam os arianos, que Jesus foi a primeira criação de Deus? Ou, como argumentavam os cristãos ortodoxos, que Jesus foi eternamente concebido por Deus e igual a Deus Pai? As pessoas da época eram *apaixonadas* por estas questões, pois reconheciam que estava em jogo o cerne do cristianismo.

Temos uma visão geral do debate de Gregório de Nyssa, um bispo da época. Ele escreveu: "Se nesta cidade você pedir a alguém para variar, ele vai discutir com você se o Filho foi concebido ou não concebido. Se perguntar sobre a qualidade do pão, vai receber a resposta de que 'o Pai é maior, o Filho é menor'. Se sugerir que um banho é desejável, ele vai lhe dizer que 'nada havia antes da criação do Filho'".* Em outras palavras, a teologia era encontrada em toda parte. Encontrava seu caminho em toda conversa, em toda situação. A discussão teológica era tão prevalente que, como sugere o tom aborrecido de Gregório, até mesmo os bispos estavam ficando cansados do debate!

Se os cristãos do passado conseguiram cansar seus bispos com suas bravatas teológicas, por que hoje muitos cristãos acham que a teologia é tão excitante quanto observar uma tinta secar ou assistir a um seminário sobre seguro de vida? Ou, invertendo a questão, como podemos reacender essa paixão perdida? E como podemos conseguir que a média dos cristãos se anime com respeito à doutrina da Trindade, para que ela mais uma vez retorne às conversas nos cafés, às devoções matutinas e ao cerne do culto cristão?

REDESCOBRINDO A TRINDADE EM *A CABANA*

Embora a resposta à nossa pergunta seja com certeza complexa, recentemente a teologia recebeu um enorme impulso através de, por incrível que pareça, *um romance*. Não um romance qualquer,

* Citado em W. H. C. Frend, *The Early Church*. Philadelphia: Fortress Press, 1982, p. 174-5.

pois *A cabana*, de William Paul Young, narra uma história muito inverossímil! Não contente em simplesmente reintroduzir a Trindade como uma doutrina de mero interesse periférico, o livro envolve o Deus triuno em uma narrativa cativante. Ao longo do caminho, ele penetra no cerne do caso mais abominável do mal e então faz a afirmação verdadeiramente arrojada de que Deus, como triuno, é fundamental para o processo pelo qual a cura está chegando a este mundo.

Antes de tudo, quero dizer algumas palavras sobre a história em si. *A cabana* se inicia com o narrador "Willie" relatando ter registrado tudo o que seu grande amigo Mack lhe informou. (Como o nome Willie é uma referência óbvia ao autor William P. Young, alguns leitores têm suposto que o livro pretenda ser um relato factual. Mas Young deixou claro que o livro é ficcional, embora com a inserção de uma parcela importante de autobiografia.) Então ficamos sabendo que, alguns anos antes do escrito de Willie, Mack levou três de seus filhos para acampar. Ao término de um maravilhoso fim de semana, seu filho sofreu um acidente de canoa e, na confusão que se seguiu, sua filha caçula Missy desapareceu. Horas depois, ficou claro que ela havia sido sequestrada por um assassino serial conhecido como o Matador de Meninas. Em questão de horas, a investigação do FBI convergiu para uma cabana afastada, onde foi achado o vestido ensanguentado de Missy, embora seu corpo jamais tenha sido encontrado.

Passam-se três anos e meio e Mack continua a lutar com a "Grande Tristeza". Então, certo dia ele recebe um convite em sua caixa de correio para encontrar Papai (o nome como sua esposa chama Deus) na cabana. Perplexo e intrigado, Mack viaja secretamente para a cabana no início da noite de sexta-feira e é recebido por uma afro-americana chamada Papai, uma asiática chamada Sarayu e um judeu chamado Jesus: vamos admitir que se tratava de uma Trindade muito pouco convencional! Nos dois dias seguintes, Mack convive com os três enquanto chega a um acordo com a Grande Tristeza e parte para o caminho da cura e da reconciliação.

O livro chega a seu clímax no domingo de manhã, quando Papai (agora em uma forma masculina) leva Mack até o lugar onde o assassino enterrou Missy. Juntos, eles levam seu corpo até a cabana para um enterro adequado, que culmina com uma cerimônia memorial inesquecível. Depois que Mack compartilha um serviço de comunhão especial com Papai, Jesus e Sarayu, ele adormece e acorda na cabana escura e fria. Mack então dirige seu carro montanha abaixo e acaba se envolvendo em um grave acidente. À medida que vai se recuperando lentamente no hospital, as lembranças do fim de semana pouco a pouco retornam, levantando a dúvida de tudo ter sido apenas um sonho.

Mas, quando se recupera, Mack confirma a verdade do fim de semana levando Nan e a polícia ao local onde o Matador de Meninas havia enterrado Missy. (Aparentemente, a experiência de transferência e enterro do corpo de Missy não ocorrera de fato.) Esta descoberta, por fim, proporciona evidências forenses que acabam levando à prisão e ao julgamento do Matador de Meninas. O livro termina com Mack transformado e transformando: tendo se reconciliado com seus filhos, esposa e pai abusivo, ele agora busca estender seu perdão ao assassino de Missy.

No curto tempo desde sua publicação, *A cabana* desencadeou mais interesse da Igreja na doutrina da Trindade do que dezenas de livros de teologia publicados por teólogos acadêmicos nos últimos quarenta anos. É maravilhoso (e um pouquinho humilhante) para o teólogo testemunhar uma doutrina que durante tanto tempo ficou trancada nas salas dos seminários agora emergindo como um tema de conversas animadas nos cafés locais, e tudo por causa de um romance! Mas, embora a essas conversas em geral não tenham faltado entusiasmo e convicção, muitas delas se beneficiariam de alguns subsídios mais profundos sobre as questões teológicas aqui levantadas. É este o objetivo do presente livro.

Conversas inspiradas por *A cabana*

Este livro apresentou um dos aspectos mais controvertidos de *A cabana*: a manifestação de Deus Pai como "Papai", uma negra enorme, e do Espírito Santo como uma asiática chamada Sarayu. Esta retratação produziu algumas acusações fantásticas (inclusive a acusação delirante de que *A cabana* promove a adoração da deusa!). Entretanto, mesmo que tais acusações sejam dispersas, pode-se ainda ponderar se a descrição é apropriada, e o que ela implica em nosso conhecimento de Deus. Então, exploramos estas questões, investigando a maneira pela qual o Deus infinito se acomoda às nossas limitadas mentes humanas, para podermos conhecê-Lo.

Deslocando nossa atenção para outra mesa do café, podemos ouvir uma discussão apaixonada sobre como as três pessoas constituem o único Deus. Sobre este ponto, alguns críticos têm declarado que a descrição de Deus em *A cabana* é gravemente falha, pois não distingue as três pessoas. Entramos no centro deste debate ao explorar a maneira intrigante pela qual o livro luta com a unidade e a distinção da Trindade e, finalmente, como distingue Sarayu e Jesus em relação às suas missões específicas, como está revelado na Sagrada Escritura.

Passamos a outra conversa e encontramos em andamento um debate acalorado sobre questões de autoridade e submissão. A questão aqui é se o Pai está fundamentalmente encarregado da Trindade, de tal modo que o Filho e o Espírito Santo são eternamente submissos a Ele, ou se o Pai é tão submisso ao Filho e ao Espírito Santo quanto eles a Ele. Esta não é uma questão despropositada, pois, decidir se há autoridade e submissão, ou submissão mútua dentro de Deus, poderia ter implicações radicais para o modo como organizamos nossos relacionamentos aqui na Terra. Afinal, não queremos ser à semelhança de Deus? A visão de *A cabana* é que todas as pessoas divinas são submissas umas à outras e à Criação e, portanto, todos os seres humanos devem também ser submissos, e foi nesse debate que nos inserimos a seguir.

Embora as conversas até então tenham sido importantes, são aquelas dos últimos capítulos que se tornaram críticas para muitas pessoas, quando passamos a perguntar como um Deus que é todo amor e todo-poderoso permitiria o terrível assassinato da pequena Missy, filha daquele do qual Ele diz gostar especialmente. A razão, ao que parece, é que Deus permite a morte de Missy para poder atingir através dela algum tipo de bem maior. Mas que tipo de "bens maiores" justificaria o assassinato de uma menininha? Será que Deus permitiria o mal como justificativa para o livre-arbítrio? E será que Ele permitiria que o mal nos atraísse para Ele enquanto desenvolve nosso caráter moral? Mesmo que estas respostas proporcionem uma resposta geral plausível para o mal, sentimos uma tensão dolorosa quando a aplicamos à morte específica da pequena Missy.

Voltamos nossa atenção para outra mesa que está discutindo o problema do mal, e a vida e a morte de Jesus Cristo passam a ocupar o centro do palco. Fundamentalmente, o mal existe porque a Criação está destruída e estamos doentes de pecado. Então, como resposta, Deus envia seu Filho à Terra para trazer a cura para sua Criação destruída. Assim, consideramos como *A cabana* explica a obra de remissão de Cristo, observando o que ela afirma e não afirma sobre a remissão. Comentamos, particularmente, como o livro ignora (ou contorna) a linguagem da ira de Deus contra o pecado. Na verdade, em vez disso, descreve o Pai sofrendo junto com o Filho. Consideramos também a questão controversa de até que ponto se estende a obra reparadora de Cristo, e especificamente se ela pode salvar alguns que nunca ouviram falar de Cristo.

Como dizemos, o mundo está doente de pecado e necessitando do Grande Médico. Entretanto, com uma visão da salvação que mostra Deus resgatando almas para o céu, muitos cristãos têm se desviado da plenitude da intenção de cura de Deus. Por isso, em nossa conversa final consideramos plenitude da salvação bíblica se estendendo a toda a Criação. Esta visão é captada na maneira sutil pela qual o livro descreve a renovação da cabana e dos ambientes que a cercam durante o inesquecível fim de semana de Mack. Evidentemente, não é apenas Mack que está sendo renovado, mas junto com ele toda a Criação.

A maioria das pessoas que leu ou ouviu falar de *A cabana* está consciente das controvérsias que giram em torno do livro. Embora eu aprecie a paixão dos críticos, tenho me entristecido diante de uma frequente ausência de caridade demonstrada em relação ao autor do livro e aos seus admiradores. E tenho ficado especialmente desalentado pelos conselhos de alguns influentes líderes cristãos para que não se leia o livro. É verdade que *A cabana* formula algumas questões difíceis e por vezes assume posições com as quais podemos discordar. Mas, certamente, a resposta não é encontrada afastando as pessoas da conversa, mas antes as conduzindo através dela.

Afinal, é através da luta com novas ideias que se aprende a lidar com a nuança e a complexidade que caracterizam uma fé intelectualmente madura. *A cabana* não vai responder a todas as nossas perguntas, nem é esta sua intenção. Mas podemos lhe ser gratos por ter dado início a uma importante conversa.

Este livro foi composto em Sabon MT
para a Editora Planeta do Brasil
em novembro de 2013